大数据时代高职院校教育管理工作研究

郭坤　著

云南人民出版社

图书在版编目（CIP）数据

大数据时代高职院校教育管理工作研究 / 郭坤著.
昆明：云南人民出版社，2024. 11. -- ISBN 978-7-222-23358-4

Ⅰ. G718. 5

中国国家版本馆 CIP 数据核字第 2024YG7728 号

组稿统筹：冯　琰
责任编辑：武　坤
责任校对：王曦云
封面设计：李　杰
责任印制：窦雪松

大数据时代高职院校教育管理工作研究

DASHUJU SHIDAI GAOZHI YUANXIAO JIAOYU GUANLI GONGZUO YANJIU

郭坤　著

出　版　云南人民出版社
发　行　云南人民出版社
社　址　昆明市环城西路 609 号
邮　编　650034
网　址　www. ynpph. com. cn
E-mail　ynrms@ sina. com
开　本　787mm×1092mm　1/16
印　张　12
字　数　240 千
版　次　2025 年 5 月第 1 版第 1 次印刷
印　刷　唐山唐文印刷有限公司
书　号　ISBN 978-7-222-23358-4
定　价　78. 00 元

云南人民出版社微信公众号

如需购买图书、反馈意见，请与我社联系

总编室：0871-64109126　发行部：0871-64108507　审校部：0871-64164626　印制部：0871-64191534

PREFACE 前言

随着信息技术的迅猛发展，尤其是大数据技术的广泛应用，教育领域正经历着前所未有的变革。大数据的崛起不仅改变了社会的运行方式，也为教育管理带来了全新的挑战和机遇。在这一背景下，高职院校的教育管理工作正逐渐向数字化、智能化方向转型。与传统的管理方式相比，大数据技术为教育管理提供了更科学、精准的决策依据，使得教育管理者能够通过对海量数据的分析和应用，优化教学、提升管理效率、实现个性化教育。

大数据的引入为高职院校教育管理提供了强大的信息支持。在传统的教育管理中，决策者往往依赖于经验判断或单一维度的数据，无法全面、准确地掌握学生的学习动态和学校整体运行情况。而大数据技术的应用，使得管理者能够从多维度、动态地分析学生行为、学术表现和教学资源的使用情况，帮助学校及时发现问题，优化管理流程。例如，管理者可以通过分析学生的出勤率、作业完成情况、考试成绩等，发现学生学习中的薄弱环节，并采取个性化的干预措施。此外，大数据还可以用于预测和提前干预，如通过分析学生的行为数据，及早发现存在学习困难或辍学风险的学生，提供针对性的辅导和支持。

在高职院校中，教育管理的范围广泛，包括学籍管理、教学质量监控、教学资源配置、学生管理、教师发展等多个领域。大数据技术的引入，使得这些管理工作变得更加精细化和高效化。具体而言，大数据不仅可以帮助学校优化课程设置，确保课程内容与社会需求相匹配，还能够支持管理者对教学质量进行持续监控与评估。通过对教学数据的分析，学校可以实时了解教师的教学效果、学生的课堂参与情况，进而及时调整教学策略，提升整体教学质量。

然而，尽管大数据技术在高职院校教育管理中的应用潜力巨大，但其实施过程中仍面临诸多挑战。首先是技术基础设施的不足。许多高职院校的数据管理平台和信息系统建设滞后，无法支持大规模数据的存储与实时分析。其次是数据分析能力的匮乏。尽管学校积累了大量的学生和教学数据，但由于缺乏专业的数据分析人才和先进的分析工具，许多数据的潜力未能得到充分挖掘。此外，学校的组织文化和传统观念也在一定程度上限制了大数据技术的广泛应用。传统的管理模式更依赖于经验和直觉，而数据驱动的管理理念尚未完全深入人心。这些挑战的存在，使得高职院校在推进大数据教育管理时，需要从技术、人才、组织文化等多方面进行调整和优化。

大数据技术在高职院校教育管理中的应用涵盖多个维度。首先，在学籍信息管理方面，大数据可以帮助学校更好地管理学生的学籍信息，确保数据的准确性和实时性，从而提高管理效率。其次，大数据在教学质量监控中的应用尤为突出。通过对教学数据的全面分析，学校能够更精确地了解教师的教学效果和学生的学习状况，及时发现教学中的不足，并提出改进方案。此外，大数据还可以优化教学资源的配置。通过分析课堂使用情况、教学设备的使用频率等数据，学校能够更加合理地安排课程和资源，避免资源的浪费。

大数据驱动的教育管理创新已成为高职院校提升管理水平的重要途径。通过引入智能化的教学管理系统、数据驱动的决策支持系统，学校可以实现管理的自动化和智能化，进一步提升教育管理的效率和效果。例如，智能化的教学管理系统可以根据学生的学习数据自动调整教学内容，帮助教师优化教学策略；数据驱动的决策支持系统则可以为管理者提供实时、全面的数据信息，支持更加科学的管理决策。此外，学生服务与支持系统也在大数据的推动下得到了显著提升，学校能够通过数据分析为学生提供更加个性化的服务和支持。

尽管大数据技术在高职院校教育管理中的应用前景广阔，但其实施过程中仍面临一系列挑战。首先，技术层面的问题尤为突出，数据安全与隐私保护成为学校在使用大数据时必须应对的关键问题。随着数据规模的扩大，数据泄露和滥用的风险也随之增加，因此学校需要加强网络安全防护，确保学生和教师的隐私得到有效保护。其次，组织文化的变革也是一大挑战。传统的教育管理模式下，管理者更倾向于依赖经验和直觉做决策，而大数据技术的应用要求管理者具备数据分析和解读能力。因此，学校需要通过培训和引导，培养管理者的数据素养，推动数据驱动管理理念的普及。

大数据在学生管理工作中的具体应用涵盖了学生的日常教学管理、实习管理以及思想管理等多个方面。通过数据分析，学校可以更加全面地了解学生的学习动态和思想变化，提供更加个性化的管理服务。例如，学校可以通过大数据分析学生的课堂参与情况、实习表现和心理健康数据，及时发现问题并采取相应的干预措施。此外，大数据技术还可以帮助学校优化学生的实习管理，分析学生的实习表现、就业趋势，进而为学生提供更加科学的职业规划建议。

教师的数据素养在大数据时代变得尤为重要。高职院校要推动数据驱动的教育管理变革，教师的数据素养培养是关键。通过提升教师的数据素养，学校可以确保教师能够利用大数据进行教学设计、课程改进和教学质量的评估。教师的数据素养不仅包括基础的数据处理技能，还包括对数据分析、解读和应用能力。学校应通过系统的培训和支持，帮助教师掌握大数据技术的基本工具，推动其在教学中的应用。

综上所述，大数据技术在高职院校教育管理中的应用为学校的管理创新提供了强有力的支持。然而，技术、人才和文化上的障碍使得这一转型过程充满挑战。高职院校在实施大数据教育管理的过程中，必须全面提升技术基础设施水平，培养具备数据分析能力的教师和管理者，同时推动组织文化的变革，以确保大数据技术能够真正发挥作用，促进学校的教育管理水平迈上新台阶。

作　者

2024 年 9 月

CONTENTS

目录

第一章 引论

大数据时代的到来对各行各业产生了深远的影响，教育行业也不例外。随着信息技术的快速发展，尤其是互联网、大数据和人工智能的广泛应用，教育管理正从传统的经验决策转向数据驱动的精细化管理。高职院校作为培养应用型人才的教育机构，在这一变革浪潮中，如何借助大数据技术优化教育管理、提升教学质量，成了亟待解决的重要课题。

大数据的应用为高职院校教育管理工作带来了诸多机遇与挑战。从学生行为数据的采集，到教学过程中的实时监控，再到对教学效果的反馈与调整，大数据技术为教育管理者提供了全面、精准的信息支持。这不仅使得教育管理更加科学和高效，也推动了教学模式的创新与资源的优化配置。然而，在大数据技术逐渐融入教育管理的同时，高职院校也面临着数据分析能力不足、数据管理体系尚未完善等问题，如何在这一背景下实现教育管理的有效转型，值得深入探讨。

第一节 研究背景

一、当前教育行业发展的时代特征

（一）信息技术的广泛应用

在大数据时代，信息技术，尤其是互联网、大数据和人工智能的发展，对教育行业产生了深远影响。互联网的迅速普及使得在线学习平台成为现实，教育资源的数字化和全球化分享成为趋势。在线教育逐渐突破了时间和空间的限制，学生能够通过网络获取丰富的教育资源，从而实现个性化学习。

与此同时，大数据技术为教育管理提供了强有力的支持。通过对学生学习行为、学习进度、考试成绩等数据的采集与分析，教育管理者可以更加精准地了解学生的学习需求，从而进行教学方式的调整和个性化服务。人工智能则进一步推动了智能教学的发展，能够根据学生的学习数据自动调整教学内容与难度，帮助学生更好地掌握知识。

信息化的迅速推进不仅提升了教育管理效率，也加速了教育模式的变革，促使高职院校的教学资源管理、课程设置、学生管理等多个方面更加智能化和个性化。

（二）个性化教育需求的增加

随着社会的快速发展，学生群体呈现出更加多样化的特征，传统的“一刀切”教学管理模式已经难以满足学生的不同需求。学生在学习方式、职业规划、兴趣特长等方面的个性化需求不断增长，高职院校在管理过程中必须适应这种变化，提供更具针对性的教育服务。

大数据技术在满足个性化教育需求方面起到了关键作用。通过对学生学习行为、成绩表现、兴趣爱好等数据的分析，学校能够为每名学生制定个性化的学习计划。比如，对于学习表现突出的学生，可以设置更具挑战性的学习任务，而对于学习进度缓慢的学生，则可以提供个性化的补救措施和辅导资源。此外，大数据还可以通过分析学生的职业规划与市场需求的匹配度，帮助学校调整专业设置，确保学生的学习内容与职业发展目标相一致。

因此，如何利用大数据为每个学生量身定制教学服务成为高职院校在大数据时代面临的关键挑战之一。学校不仅需要培养学生的专业技能，还需要根据学生的个性化需求提供灵活的教育路径。

（三）教育评价方式的多元化

传统的教育评价体系以考试成绩为主要依据，过于单一，难以全面反映学生的综合能力和发展潜力。教育评价体系逐渐从单一的成绩评估向多元化、综合性的评价转变。

通过大数据技术，学校可以采集到学生的多维度数据，包括课堂参与度、课后作业完成情况、合作能力、创新能力等。这些数据的分析结果为学校建立多元化的教育评价体系提供了基础。例如，学生的课堂参与、团队合作表现以及实践项目的成果都可以作为评价其综合素质的重要依据。此外，大数据还能帮助教育管理者跟踪学生的长期表现和学习轨迹，为学生的能力发展提供更加科学的评估。

教育评价方式的多元化不仅能够更加全面地反映学生的实际水平，也为学校提供了更为科学的教学质量反馈机制，促使教师能够及时调整教学策略，更好地满足学生的发展需求。

（四）终身学习理念的普及

随着科技和经济的快速发展，社会对劳动者的职业技能要求不断提高，终身学习的理念逐渐深入人心。高职院校不仅承担着培养新生代劳动力的任务，还需要为社会中的在职人员提供职业技能培训和再教育服务，以帮助他们在快速变化的职业环境中保持竞争力。

大数据技术在终身学习体系中发挥了重要作用。通过分析学习者的学习行为数据和职业发展需求，学校可以为不同阶段的学习者提供精准的教育服务。在线课程平台和智能化学习系统使得学生可以根据自身的学习进度和职业需求，自主安排学习计划，极大地提高了学习的灵活性和效率。此外，大数据还可以追踪学习者的技能掌握情况，提供个性化的学习路径建议，帮助他们在职业生涯的不同阶段获得持续发展。

因此，终身学习不仅是个人发展的必然需求，也是高职院校教育管理的重要任务。如何通过大数据技术提升再教育和职业培训的效率，帮助学生持续提升职业能力，是高职院校在教育管理中的重要挑战之一。

通过以上分析可以看出，大数据时代带来了教育行业的深刻变革，信息技术的广泛应用、个性化教育需求的增加、评价方式的多元化和终身学习理念的普及，正在重塑高职院校的教育管理模式。大数据不仅为教育管理提供了技术支持，也促使教育管理更加灵活和精准，以满足不断变化的社会需求和学生个体发展需求。

二、高职院校教育管理的现状

（一）管理模式的传统性与滞后性

目前，大部分高职院校的教育管理依然沿用传统的模式，缺乏现代化的数据化、信息化管理手段。虽然信息技术在教育领域的应用越来越广泛，但高职院校在教育管理工作中的数字化转型速度相对较慢，管理模式依旧以人工操作、纸质档案和分散的管理系统为主。这种传统的管理方式导致了教育管理的效率低下，难以应对现代教育的复杂性和多变性。

具体而言，高职院校的管理流程相对分散，各个管理部门独立运行，缺乏统一的数据平台进行信息的集成与共享。例如，学生的学籍管理、教师的工作量统计、教学质量评估等数据往往存储在不同的系统中，各部门难以进行有效的数据共享和协同工作。这种分散的管理模式不仅导致信息孤岛现象严重，还削弱了管理的科学性和精确性，难以形成全局的管理决策支持。

因此，高职院校教育管理滞后于大数据时代的需求，急需加快数字化转型步伐，利用信息技术和大数据工具，建立高效、智能的管理体系，以提高教育管理的整体效率和质量。

（二）管理资源分配不均衡

高职院校在教育资源分配方面仍存在明显的不均衡现象，尤其是在教师资源、教学设施和学生服务等方面。这种资源分配的不均衡主要表现在以下几个方面：

首先，教师资源的分布不均衡。由于不同专业和部门的差异，一些热门专业的教师负担较重，而冷门或新兴专业的教师资源相对宽裕，难以实现合理的资源调度。此外，部分院校存在教师队伍结构不合理的问题，部分教师缺乏实际行业经验，影响了教学质量的提升。

其次，教学设施和设备的分配也存在不平衡现象。某些专业可能拥有较为先进的实验设备和教学设施，而其他专业的资源较为落后，导致学生在学习过程中无法享受到均衡的教育资源。同时，部分教室和实验室利用率不高，造成了资源的浪费。

尽管大数据技术能够提供精准的数据分析，帮助学校实现资源的动态配置和优化，但在大部分高职院校中，基于数据驱动的资源配置尚未广泛应用。资源的利用效率低下，加剧了资源分配不均的问题，影响了教学质量和学生的学习体验。

（三）学生管理中的信息不对称

学生管理是高职院校教育管理的重要组成部分，但由于信息化手段的不足，学校在收集、分析和利用学生信息时存在信息不对称的问题。

目前，许多高职院校对于学生的学习、生活、心理等方面的信息收集较为滞后，管理者难以及时获取学生的全面信息，进而无法进行个性化的管理和指导。例如，学生的学习进度、成绩波动、出勤情况等数据未能实现实时采集和分析，导致学校无法及时识别和帮助学习有困难的学生。此外，学生的生活状况、心理状态、社交行为等关键信息也未能有效地纳入学校的管理体系。

这种信息不对称的情况，直接影响到高职院校在学生管理中的决策能力。学校缺乏对学生行为轨迹的监控和学习效果的全面追踪，无法对潜在问题进行预测性管理。例如，学生的学业滑坡、心理健康问题等风险因素往往在问题恶化后才被发现，错过了最佳的干预时机。因此，提升信息采集与分析的能力，实现基于大数据的学生管理将成为高职院校管理现代化的重要方向。

（四）教学质量监控的难度增加

随着高职院校的规模扩大，教学质量的监控和保障成为教育管理中的一大挑战。传统的人工监控方式，已经难以适应当下复杂多样的教学环境，无法实时、全面地掌握教学效果和师生互动情况。

首先，由于教学人数增加，教学过程中的课堂管理、教师教学效果评价、学生学习反馈等都变得更加复杂。高职院校通常依靠期末评估或学生考试成绩来评估教学质量，但这些静态的指标往往不能全面反映课堂的实时情况。比如，教师与学生的互动、学生的课堂参与度、实际的学习效果等，这些动态数据难以通过传统手段进行有效监控。

其次，教学质量的评估体系较为单一，通常以成绩为主要标准，忽略了对学生综合能力（如创新思维、实践能力等）的评价。由于缺乏数据支持，教学质量的监控存在滞后性，无法及时反映教学过程中存在的问题，教师难以根据学生的实际反馈调整教学策略。

大数据技术可以通过实时监测教学过程中的多维度数据，如课堂表现、学生反馈、作业完成度等，帮助学校更好地掌握教学动态，提升教学质量管理的科学性。然而，目前大部分高职院校尚未全面引入这种智能化的监控手段，教学质量管理依然面临巨大压力。

综上所述，高职院校在教育管理中面临的现状包括传统管理模式的滞后性、资源分配的不均衡、学生管理中的信息不对称以及教学质量监控的难度增加。这些问题限制了高职院校教育管理的效率和质量，亟须通过大数据技术进行系统性的改革和提升。

三、大数据与教育管理的融合

（一）数据驱动的管理模式

在大数据时代，高职院校的教育管理逐渐向数据驱动的管理模式转变①。大数据技术通过对学生、教师、教学过程等多维度数据的收集和分析，帮助学校管理者做出更加科学化、智能化的管理决策。

首先，学校可以精准掌握学生的学习需求和表现。大数据挖掘技术能够分析学生的学习行为、成绩、出勤率、课堂参与度等信息，从而为每名学生生成个性化的学习档案。管理者可以根据这些数据为学生提供个性化的教学支持和管理服务。例如，当学生成绩出现波动时，系统可以自动提示教师进行针对性辅导，避免学生学习困难加剧。

此外，数据驱动的管理模式还帮助管理者优化资源分配、教学管理和学生服务，使得管理过程更加透明化、科学化。通过实时数据的监控和反馈，学校可以在教学过程中及时调整教学策略，提高管理效率和教育质量。

（二）教育资源的智能分配与优化

大数据技术为高职院校的资源管理提供了全新的优化路径。传统的资源配置往往依赖管理者的经验决策，难以实现精准分配，而大数据则通过对历史数据和当前需求的分析，实现了资源的智能分配。

例如，学校可以通过分析学生的课程选择、专业需求和教室使用情况，合理调整教学资源的分配，如优化课程安排、合理调度教室和实验室等。同时，大数据还能预测未来的资源需求，根据学生人数的变化、课程难度的调整等，提前规划并调整教学设施和设备的配置。

基于数据分析的资源整合方案不仅能够实现资源利用的最大化，还能提升教学的灵活性和响应速度。通过动态管理，学校可以实时掌握每个教学环节的资源需求，确保资源分配的合理性和效率。例如，对于实验密集型专业，学校可以根据学生的实验室使用数据，优化设备的使用时间表，确保实验资源得到充分利用。

① 邹太龙．大数据时代高校教育管理的可能走向及实现路径［J］．高教探索，2017（11）：7.

（三）教学过程的实时监控与反馈

大数据技术的一个重要应用是在教学过程中实现实时监控和反馈。传统的教学监控往往依赖期末考试或阶段性评估，缺乏实时性和全面性。而大数据可以通过对课堂数据、学生学习行为和师生互动的实时采集和分析，帮助学校及时掌握教学的实际情况。

在课堂上，教师可以通过数据分析系统实时了解学生的课堂参与度、在线学习时长、作业完成度等关键数据，从而对教学进度和内容进行调整。例如，如果系统显示学生的参与度较低，教师可以调整教学策略或增加互动环节，提升课堂效果。

此外，学生的学习轨迹、成绩变化等数据也能够实时反馈给管理者，帮助他们及时发现教学过程中的问题。例如，某门课程的成绩连续出现下降趋势，系统会自动发出预警，促使管理者进行深入分析并采取措施改进教学内容或教学方式。大数据技术为教学管理者提供了快速、准确的决策支持工具，大幅提升了教学改进的时效性。

（四）精准化的学生管理和评价

大数据技术在学生管理中的应用，使得高职院校能够对学生进行更为精准化的管理和个性化引导。传统的学生管理往往依赖于定期的学生反馈和考试成绩，数据来源单一且难以及时反映学生的综合表现。而大数据系统则可以全面采集学生的学习、生活、心理等各方面的信息，帮助学校深入了解学生的成长轨迹和发展潜力。

通过对学生数据的深度挖掘，学校可以为每名学生量身定制个性化的管理方案。例如，针对学习成绩波动的学生，系统可以自动识别并通知相关管理人员进行干预；对于存在心理问题的学生，系统会通过行为数据（如出勤率下降、社交参与减少等）发出预警，帮助学校尽早开展心理辅导。

此外，基于大数据的多维评价体系也逐渐取代了传统单一的成绩评价方式。学校不仅关注学生的学术表现，还通过对学生的综合素质、创新能力、团队合作等多个维度的评估，全面了解学生的发展情况。大数据驱动的评价体系更加科学、全面，能够反映出学生的真实潜力和多元能力。

（五）决策支持与风险预警

大数据为高职院校的管理层提供了强大的决策支持和风险预测工具。通过对海量数据的分析，管理者可以发现潜在的趋势，并提前制定相应的管理措施。例如，通过分析学生的历史数据，学校可以预测哪些学生有辍学的风险，进而及时采取措施，帮助这些学生克服学习上的困难。

大数据还能够为管理者提供有关课程设置、专业发展、就业市场需求等方面的趋势预测。例如，学校可以根据毕业生的就业数据分析哪些专业的就业前景较好，哪些专业需要进行调整和优化，从而帮助学校合理制定招生计划和专业建设方案。

此外，基于大数据的风险预测能力还体现在教学质量、课程满意度等方面。学校可以通过对学生反馈、成绩波动等数据的分析，提前识别教学中可能存在的问题，并及时采取纠正措施，避免问题的扩大化。通过大数据支持的预警机制，学校能够更加主动地应对管理中的挑战，提高管理效率，降低管理风险。

综上所述，大数据技术与教育管理的融合，不仅提升了高职院校的管理水平，还促进了资源配置、教学过程和学生管理等方面的优化。数据驱动的管理模式、智能化的资源分配、实时的教学监控与反馈、精准的学生管理与评价，以及强大的决策支持和风险预测，全面助力高职院校教育管理工作向智能化、精准化方向迈进。

第二节　研究意义与目的

一、研究的理论意义

（一）促进大数据技术与教育管理理论的结合

大数据技术的广泛应用为教育管理理论带来了新的机遇与挑战。在传统教育管理模式中，管理决策往往依赖于经验和定性分析，而随着大数据的引入，教育管理逐渐走向数据驱动的科学化决策时代。通过对大量的学生数据、教学数据和管理数据进行系统性分析，管理者可以更加精准地掌握教学现状和学生需求，从而制定出更加有效的管理策略。

这一技术与教育管理理论的结合，不仅拓宽了教育管理的研究视野，还促使教育管理模式从经验性决策方向向数据化、科学化方向转变。例如，基于大数据分析的学生学习行为研究能够更加准确地识别学生的学习需求、学习困难和潜在问题，从而帮助管理者优化教学内容和方法。

此外，大数据还为教育管理的理论发展提供了丰富的实践数据支持，推动教育管理从理论到实践的良性循环。通过大数据的应用，教育管理理论将进一步丰富，并为未来的教育创新提供更为扎实的理论依据。

（二）推动高职院校管理模式的创新

高职院校的教育管理在传统模式中往往受到时间、空间、资源等多种因素的限制，难以实现精准、高效的管理。而大数据为高职院校管理模式的创新提供了强有力的支持。通过大数据分析，学校管理者可以获取教学、学生管理、资源配置等各个方面的全面信息，并基于这些数据做出更加科学合理的决策。

首先，大数据为管理决策的精准化提供了技术支持。管理者能够通过实时的数据分析，及时了解教学进展、学生需求和资源使用情况，从而根据具体情况灵活调整管理策略。例如，在课程设置方面，基于学生的学习行为数据和行业需求分析，学校可以动态调整课程结构，确保课程内容更加符合市场需求和学生的发展方向。

其次，大数据技术使得管理过程更加透明化和智能化。通过数据共享平台，各个管理部门可以打破信息孤岛，实现信息的实时交流与协同工作。这种管理模式不仅提高了工作效率，还增强了决策的科学性与合理性。大数据的引入促使高职院校管理模式从传统的封闭、经验式管理逐步向开放、智能的现代化管理转变，推动高职院校管理工作实现根本性的创新。

（三）为后续研究提供理论基础和数据支撑

大数据时代的到来为教育管理研究提供了大量的实证数据，这为后续研究的深入开展奠定了坚实的基础。传统的教育管理研究主要依赖于定性分析和有限的样本数据，研究结论往往缺乏广泛的数据支撑。而大数据技术可以通过收集和分析大量的教育数据，揭示出教育管理中的规律和趋势，为教育管理的理论发展提供了丰富的实证依据。

首先，大数据分析的结果为后续的教育管理理论研究提供了大量的实践数据支持。通过对高职院校学生行为数据、教学反馈数据、管理效率数据等的分析，研究者可以更加全面、深入地了解教育管理中的问题，从而提出更为科学的解决方案。

其次，大数据为教育管理领域的理论创新提供了新的研究视角和方法。通过对不同维度数据的深入挖掘，研究者可以发现传统管理模式中未被关注的潜在问题，为教育管理理论的创新与完善提供新的思路。

此外，随着大数据技术在高职院校管理中的应用逐渐普及，相关的研究也会进一步积累数据，形成一个不断完善的理论研究体系。这不仅有助于现有管理理论的验证和拓展，也为后续学术研究提供了可靠的实验平台和数据支持。

综上所述，本研究在理论上具有重要意义，不仅促进了大数据技术与教育管理理论的结合，还推动了高职院校管理模式的创新。同时，本研究为后续教育管理的理论研究提供了丰富的实证数据和理论基础，为大数据时代的教育管理研究和实践提供了新的方向和支持。

二、研究的实践意义

（一）提高高职院校的教育管理效率

大数据技术的引入为高职院校的教育管理带来了革命性的改变，尤其是在提升管理效率方面。传统的高职院校管理模式多依赖人工操作和分散的管理流程，导致信息获取、分析和决策的效率较低。大数据技术通过信息集成和智能化分析，能够帮助管理者快速获取全校各类管理数据，简化管理流程，提高决策的响应速度。

例如，借助大数据平台，学校管理者可以实时掌握学生的出勤情况、课程进度、教学效果等关键信息，不再依赖于人工统计和报告。大数据系统能够自动化地进行数据分析，及时生成管理报告，为管理者提供全面的工作状态反馈。这不仅减少了人工处理数据的工作量，还大幅提高了管理的精确性和时效性。

此外，数据驱动的管理模式还能帮助校方及时发现潜在问题，优化资源分配和人员安排，使管理决策更加高效。这种全方位的数据支持，彻底改变了传统的“滞后性”管理模式，使高职院校的管理效率得到了显著提升。

（二）通过数据分析提升学生培养质量

学生培养质量是高职院校管理的核心目标之一，而大数据技术为提升学生培养质量提供了新的可能。通过收集和分析学生的学习数据，学校可以更加精准地了解学生的学习行为、成绩变化、学习兴趣以及在学业上的困难，进而为学生提供个性化的支持和指导。

大数据可以帮助教师和管理者发现学生群体中的共性问题和个体差异。例如，某些学生在特定课程中表现不佳，大数据系统能够通过分析他们的学习习惯、作业完成情况和考试成绩，找出问题的根源，从而为教师提供教学改进的建议。对于学习优秀的学生，系统可以为其量身定制更加具有挑战性的学习任务，帮助他们进一步发挥潜力。

通过这种数据驱动的学生培养模式，学校能够在教学过程中实现差异化管理，有效提升学生的综合素质和专业能力。与此同时，大数据还可以跟踪学生的职业发展方向和市场需求，帮助学校及时调整课程设置和教学内容，确保学生在毕业时具备更强的就业竞争力。

（三）为教育管理者提供科学的决策依据

高职院校的教育管理决策通常涉及多方面的因素，包括课程设置、资源分配、师资调度、招生策略等。传统的决策方式往往依赖经验和定性分析，难以做到科学、准确。而大数据技术通过对海量教育数据的分析，为教育管理者提供了更为客观、全面的决策依据。

大数据技术可以通过收集和分析学生的学习行为、课程选择、就业去向等数据，为管理者提供全面的教育效果分析。例如，管理者可以基于学生的就业数据，判断某一专业的市场需求和发展前景，进而优化该专业的课程设置或调整招生规模。同样，教学资源的使用情况、学生的反馈和教师的教学评价等数据也能够帮助管理者及时了解各类教学活动的有效性，并作出相应的调整。

此外，大数据还能通过预测模型帮助管理者进行未来趋势的判断。例如，通过对学生的历史数据和学习行为的分析，系统可以预测哪些学生存在学业风险，并提前采取干预措施。这种基于数据的风险预警机制，使得管理者能够更加主动地进行决策，降低管理过程中的不确定性和风险，提升管理的精准度和前瞻性。

（四）通过数据驱动的管理机制提升教学资源利用率

大数据技术不仅提升了管理效率和决策质量，还在教学资源的利用上发挥了重要作用。高职院校通常面临资源紧张与浪费并存的局面，教学资源的合理分配和高效利用成为学校管理中的重要挑战。大数据通过精细化的分析和智能化的资源调度，能够实现教学资源的动态优化配置，提升资源的利用率。

在课程安排上，大数据系统可以根据学生的选课数据、教室使用率、教师的授课安排等多方面信息，自动生成最优的课程表，确保资源的合理分配。例如，教室的使用数据能够帮助学校优化空间管理，避免教室资源的闲置或过度使用。同样，实验室、图书馆等设施的使用数据也能够帮助学校调整资源开放时间和维护计划，最大限度地提高资源的使用效率。

此外，大数据分析还能够为学校提供资源配置的前瞻性建议。例如，某些教学设备的使用频率过低，系统可以建议将其调配到需求更高的专业领域，避免浪费。对于教师资源的配置，大数据也能够分析教师的教学效果、学生反馈等数据，帮助管理者合理调度师资，提升教学的整体质量。

通过数据驱动的管理机制，高职院校能够更加有效地分配有限的教学资源，实现资源的精细化管理，提升整体的教学质量和管理水平。

综上所述，本研究在实践上具有重要意义。大数据技术不仅能够提高高职院校的管理效率，还能够通过数据分析提升学生培养质量，为教育管理者提供科学的决策依据，最终推动教学资源的合理分配与优化利用。通过数据驱动的管理机制，高职院校的教育管理工作将更加高效、精准、智能化，为学生提供更优质的教育服务。

三、研究目的

（一）探讨大数据技术在高职院校教育管理中的具体应用方式

本研究的首要目的是深入探讨大数据技术在高职院校教育管理中的实际应用。随着大数据技术在教育领域的广泛应用，高职院校如何有效利用这一技术提升教育管理工作成为关键课题。本研究将重点分析大数据在不同教育管理环节中的具体应用方式，如学生管理、教学资源配置、教学质量监控、决策支持等。

通过详细分析大数据如何在这些领域发挥作用，研究将揭示其在提升管理效率、优化资源配置、改进教学效果等方面的潜力。例如，学生管理系统可以通过大数据分析实时了解学生的学习进度、生活动态和心理状态，从而进行个性化指导与干预；教学资源可以通过大数据平台实现智能化分配并提升利用率。

这一目标旨在为高职院校提供清晰的技术应用场景和路径，帮助管理者全面了解大数据的价值和应用方法，最终促进管理工作从传统模式向现代化、智能化模式的转型。

（二）提出提升教育管理效率的策略和路径

提高教育管理效率是高职院校在大数据时代的重要任务之一。本研究的第二个目标是通过对大数据技术的深入研究，提出有效提升教育管理效率的策略和实施路径。

研究将从多个角度分析如何通过大数据技术改进现有的管理流程。例如，在教学管理中，如何通过实时数据分析监控教学效果和师生互动，及时调整教学策略以适应学生的学习需求；在资源管理中，如何通过数据驱动优化教室、实验室和教学设备的使用，提升资源利用率；在决策支持中，如何通过数据分析辅助管理者制定科学的战略决策。

本研究将结合具体案例，探讨高职院校在应用大数据技术时面临的实际问题和挑战，针对性地提出切实可行的改进措施。通过提供系统化的策略和实施路径，研究将为高职院校在管理效率提升方面提供理论支持和实践指导。

（三）建立基于大数据的高职院校教育管理模型

为了推动大数据技术在高职院校教育管理中的系统化应用，本研究的第三个目标是建立一个基于大数据的教育管理模型。该模型将涵盖高职院校管理工作的各个方面，旨在为大数据驱动的教育管理提供一个整体框架和运作机制。

该管理模型将包括几个核心模块，如数据采集、数据分析、决策支持和反馈机制。在数据采集模块中，学校可以通过智能管理系统实时收集学生的学习数据、教学资源的使用情况、教师的教学效果等。在数据分析模块中，系统将利用大数据分析工具，对采集到的各类数据进行多维度的分析，为后续的决策支持提供依据。决策支持模块将基于分析结果，向管理者提供优化建议，而反馈机制则能够根据实施效果进行动态调整，形成一个不断优化的闭环管理流程。

通过构建这一模型，研究不仅为高职院校提供了一个理论框架，也为大数据技术在教育管理中的应用提供了具体的实践工具，有助于推动大数据在高职院校教育管理中的标准化和规模化应用。

（四）为高职院校的管理者提供可行的管理优化方案

研究的最后一个目标是为高职院校的管理者提供一套切实可行的管理优化方案。通过对大数据技术应用的深入分析，研究将结合高职院校的具体情况，设计出一系列适应学校管理需求的优化措施。

这些管理优化方案将涉及教育管理的方方面面，包括学生管理的精细化、教学资源的优化配置、教学质量的智能监控、管理决策的科学支持等。例如，如何利用大数据精准识别学生的学习需求，进行个性化的教学干预；如何通过数据分析优化教师的课程安排和工作量分配；如何建立基于数据反馈的教学质量监控机制，确保学校教学效果的持续提升。

研究通过提供这些具体的管理优化方案，旨在帮助高职院校管理者更好地应对大数据时代带来的挑战和机遇，从而实现管理模式的现代化和科学化。通过这些方案的实施，学校管理效率将大幅提高，教学质量将得到显著提升，学生的学习体验也将更加个性化和精准化。

综上所述，本研究的目的在于全面探索大数据技术在高职院校教育管理中的具体应用，提出提升管理效率的策略，构建适应大数据时代需求的教育管理模型，并为管理者提供实用的优化方案。通过这些目标的实现，本研究将为高职院校的管理工作提供强有力的理论支持和实践指导，推动大数据技术在教育管理领域的深入应用。

第二章　大数据与高职院校教育管理的基本概念

教育管理涉及教学资源的分配、学生管理、课程设置、教学质量评价等多个方面。大数据为这些管理环节提供了强大的技术支持。通过对学生行为数据、学习进度、课程反馈、考试成绩等海量信息的采集和分析，学校管理者能够更加全面、细致地了解学生的学习需求和教学效果，从而优化教育资源的配置，调整教学策略，实现个性化服务。此外，借助大数据技术，高职院校可以实时监控教学过程中的关键环节，及时发现和解决问题，提高教育质量和管理水平。

第一节　大数据的定义与特征

一、大数据的定义

（一）大数据的基础概念

大数据（Big Data）是指无法通过传统的数据处理工具进行有效存储、管理和分析的海量数据集，其核心特征可以概括为“4V”：数据量巨大（Volume）、数据种类多样（Variety）、数据生成速度快（Velocity）以及数据的真实性与价值（Veracity & Value）。

首先，数据量巨大是大数据的显著特征之一。随着互联网、物联网、移动设备等技术的发展，数据生成速度显著提高，信息数据的积累呈指数级增长。在教育管理领域，学生的学习行为、教师的教学过程、校园的运作管理等环节都产生了海量数据。

其次，数据来源的多样性使得大数据在处理和分析时涉及的维度更加复杂。在教育管理中，数据来源不仅包括结构化的数据（如成绩表、出勤率等），还涵盖非结构化的数据（如课堂视频、学习平台中的互动信息等）。这些多样化的数据源构成了高职院校教育管理的重要信息基础。

再者，数据生成速度的加快使得大数据的实时处理和分析成为必要。学生的学习行为、校园管理过程中的事件等数据可以实时生成，教育管理者可以通过实时分析这些数据，做出更加及时和科学的决策。

最后，数据结构的复杂性也是大数据的关键特征之一。教育数据不仅包括简单的数值型数据，还包含文本、图像、音频等形式的复杂数据。因此，处理这些多样化数据时，传统的数据库和处理技术往往显得力不从心，而大数据技术通过更强的计算能力和更灵活的数据存储结构，能够有效应对这些挑战。

（二）大数据在教育领域的具体应用

在教育领域，大数据的应用日益广泛。通过数据的收集、整理、分析和预测，教育管理者可以获得更多关于学生、教师和教学资源的信息，为提升教育管理的科学化和智能化提供支持。

1. 学习数据的应用

对于学生来说，学习数据是大数据应用的核心之一。学习数据涵盖了学生的出勤率、考试成绩、作业完成情况、课堂互动参与度、在线学习时长等多个维度。这些数据的采集和分析不仅能够帮助教育管理者全面了解学生的学习过程，还能深度分析每个学生的学习习惯、优势和不足，以及其在不同阶段的学习表现。通过大数据的支持，管理者能够更精准地掌握学生的学习情况，从而制定更加有效的教育策略。

例如，教育管理者可以及早通过大数据发现学生在某些课程中的学习困难和薄弱点，进一步提供个性化的辅导计划，帮助他们提升学习效果。若数据表明某些学生在某阶段的考试成绩出现明显下降趋势，学校可以迅速采取行动，安排专门的辅导课程，甚至为学生量身定制学习计划。这种基于数据的精准教育管理不仅提高了学生的学业成绩，还能够预防学生因学习压力或落后感导致的辍学现象。此外，数据还可以帮助教师优化教学内容，根据学生的实际情况进行课程难度的调整，实现个性化教学。

2. 行为数据的应用

除了学习数据外，学生的行为数据在高职院校的教育管理中同样占据重要地位。这些数据包括学生在校期间的社交活动、心理健康状况、课外活动参与情况等。行为数据不仅能够反映出学生的学习状态，还能够展示其综合素质、心理健康和社交能力等非学术性因素，对学生的全面发展具有深远影响。

通过对行为数据的分析，学校可以为学生提供个性化的支持服务。举例来说，如果数据表明某些学生在社交活动中参与度较低，学校可以考虑为这些学生提供更多的社团活动或校园文化活动推荐，帮助他们增强与同学的互动。此外，行为数据也能够为学校的心理健康服务提供有力的支持。如果学生在校期间表现出异常的行为模式，例如课外活动参与度骤减、学习成绩波动大，学校可以通过这些数据分析及时介入，为学生提供心理健康咨询或相关支持。

此外，行为数据也可以帮助学校了解学生的职业兴趣和发展需求。通过分析学生在课外活动中的表现，学校可以为学生推荐相关的职业发展项目，甚至通过数据分析引导学生选择适合的职业方向。通过这种方式，学校不仅能够帮助学生更好地适应校园生活，还能够为他们的职业发展提供长期的支持。

3. 教育资源数据的应用

教育资源数据的应用极大地提高了高职院校的资源分配与利用效率。教育资源包括教室、实验室、图书馆等硬件设施的使用情况，以及教学设备的维护记录、图书借阅情况等。通过对这些数据的实时监控和分析，学校可以更有效地进行资源管理，确保所有教育资源的合理配置和利用。

例如，学校可以通过分析实验室设备的使用频率，评估哪些设备得到了充分利用，哪些设备处于闲置状态。如果某些教室或实验室的使用率较低，学校可以重新优化课程安排，或者调整资源配置，以确保每个设施的使用效益都最大化。图书馆的借阅数据也可以为学校的资源管理提供依据，了解哪些书籍需求量大、使用频率高，从而决定未来图书采购和资源扩充的方向。

教育资源数据的动态监控还能够帮助学校及时发现潜在的问题。例如，教学设备的使用记录可以帮助学校识别出哪些设备存在频繁故障或老化的问题，进而及时进行维修和更换，确保教学过程的顺利进行。此外，学校可以提前预测教育资源的需求，并合理调配，确保各类教学资源得到充分利用，减少资源浪费。

4. 教学过程数据的应用

大数据技术还能够广泛应用于教学过程的监控与反馈。教师的教学行为、课堂教学效果、学生的课堂表现等数据都可以通过大数据技术进行量化分析。学校通过这些数据，能够更好地了解教师的教学质量，发现学生在学习过程中的问题，并对教学活动进行及时调整与优化。

例如，课堂互动数据可以反映学生的参与度和课堂氛围。如果分析显示某些课程的学生参与度较低，学校可以对这些课程进行进一步分析，了解问题根源，并为教师提供改进建议。例如，学校可以建议教师通过引入更多互动式教学或利用多媒体技术提升课堂的活跃度，从而提高学生的学习兴趣和参与感。

教学过程数据还可以用来评估教师的教学效果，并为教师提供个性化的教学改进指导。例如，通过分析不同教师的教学方式和学生成绩之间的关系，学校能够为教师提供量化的反馈信息，帮助他们改进教学策略。通过这些数据，学校能够实现更科学的教学评估体系，提高整体教学质量。

总体而言，大数据的应用为高职院校的教育管理工作提供了全新的视角与工具。学习数据、行为数据、教育资源数据以及教学过程数据的全面采集与分析，为教育管理者提供了科学、精准的决策依据。学校不仅能够优化资源配置、提高教学质量，还能够为学生提供个性化的支持服务，实现全面发展。高职院校通过科学的、数据驱动的教育管理，能够更好地应对现代教育中复杂多变的挑战，从而推动学校整体管理水平的提升，最终提高教育效果和办学质量。

二、大数据的核心特征（5V）

（一）Volume（数据量大）

大数据的首要特征是其数据量巨大，这一特性在高职院校的教育管理中尤为显著。随着现代教育信息化的深入推进，学校在招生、教学、学生管理、就业服务等多个环节中，都会产生大量数据。这些数据不仅来源广泛、涉及层面广，还具有高度的复杂性。例如，学生的报名信息、考试成绩、学习进度、课程选择、在线学习行为、社交活动等，都是学校日常教育管理中不可或缺的重要信息。每一个环节的数字化，使得学校日常运作中积累的数据量迅速膨胀。

在高职院校，随着信息系统的全面应用和普及，学生、教师、课程、教学资源等各类数据的规模呈指数级增长。在招生环节，学校需要处理的包括学生来源、考试成绩、志愿填报、录取情况等海量数据。这些数据不仅涉及数量庞大的学生，还需要跨越多个年级、专业和地域，极大增加了数据管理的难度。而一旦进入教学阶段，所产生的数据更加多样化且频繁。学生的每一次课堂出勤、每一份作业的提交和评分、每一次测试的成绩、课堂上的互动表现以及在线学习的时长和表现等，都在实时生成大量的学习数据。这些数据为学校提供了详细的学生学习轨迹，帮助学校更加精准地了解学生的学习进度和表现。

与此同时，随着互联网技术的发展，在线学习平台和学习管理系统的使用，使得高职院校的教学数据量再度激增。学生在网上观看课程视频、参与在线讨论、完成线上作业等行为也都会留下大量的行为数据。这些数据从不同维度反映了学生的学习习惯、偏好和学习状态。例如，某些学生的在线学习时长较长，但作业完成质量较低，可能反映出其在理解知识点上存在问题；而另外一些学生在课程讨论区的活跃度较高，则可能反映其更擅长与同伴互动与合作。通过对这些在线行为数据的分析，学校可以更好地为不同学生量身定制学习方案，进而提升整体的教学质量。

此外，学校的学生管理和就业服务系统也生成了大量的学生行为和发展数据。学生的校园社交活动、心理健康咨询、职业规划、实习与就业情况等数据同样为高职院校的管理者提供了丰富的信息。这些数据不仅帮助学校更好地进行个性化的学生管理，还能够通过分析毕业生的就业数据，反哺学校的专业设置和课程优化，使教育与市场需求更加契合。

如此庞大的数据量要求学校管理者具备强大的数据处理能力，传统的手工记录、分散管理、简单统计等手段显然已经难以应对当前复杂的教育数据管理需求。随着数据规模的不断扩大，学校不仅面临数据的存储问题，更重要的是如何有效地处理和利用这些海量数据来进行决策支持。以往的管理工具和方法在面对如此大规模、复杂的数据时，往往力不从心。

而大数据技术的应用为高职院校的教育管理提供了强有力的解决方案。大数据技术能够通过分布式存储、并行计算和智能分析等手段，对这些庞大的数据进行高效的存储、处理和分析。通过构建智能数据管理平台，学校管理者可以快速、精准地获取重要的管理信息。例如，利用大数据技术，学校可以在短时间内对所有学生的学习进度进行实时监控，并通过自动分析发现学习困难的学生，及时提供个性化的辅导服务。此外，大数据技术还可以对过去几年的招生数据进行趋势分析，帮助学校调整招生策略，优化生源结构；通过对学生就业数据的分析，学校能够更加精准地预测某些专业的就业市场走向，为课程设置和教学改进提供依据。

总的来说，随着信息技术的不断发展，教育管理者不仅需要应对大量的数据，还要学会如何从数据中挖掘有价值的信息。大数据技术提供了强大的数据处理能力，能够帮助学校高效管理庞大的数据，作出更精准的决策。借助这些技术，高职院校不仅能够优化资源配置，提升教学和管理效率，还能为学生提供更加个性化、科学化的支持服务，推动整个教育体系向智能化方向迈进。

（二）Velocity（数据生成速度快）

大数据的第二个核心特征是数据生成的速度极快，且更新频繁、实时。这一特点在现代教育环境中尤为突出，尤其是高职院校通过信息化教学工具实现教学管理时，学生的学习行为数据、教师的教学数据、课堂互动数据等都以极快的速度不断生成并更新。在这种高速的数据生成背景下，教育管理的实时性和响应速度变得尤为重要。

在现代高职教育中，在线学习平台和学习管理系统（LMS）已成为日常教学的重要工具。学生通过这些平台进行在线课程学习、提交作业、参与课堂讨论、完成测验等，每一次在线活动都会即时生成大量的数据。比如，学生的学习进度、登录时长、课程完成率、作业提交情况、论坛讨论参与度等数据都是实时记录和更新的。这些数据不仅能实时反映学生的学习状态，还为教师提供了及时调整教学策略的依据。

例如，教师可以通过系统即时获取学生的作业完成情况，了解哪些学生在作业提交方面存在拖延问题，哪些学生在特定的作业中遇到了困难。这种实时的数据反馈使得教师能够根据学生的表现迅速调整教学计划，及时提供帮助或调整教学内容，以满足学生的个性化需求。系统生成的实时数据还可以帮助教师发现课堂上学生的参与度问题，比如学生在某些课程的讨论区参与度较低，教师可以针对这一现象采取额外的措施，增强课堂互动性，或者通过不同的教学方式吸引学生参与。

教师的教学行为数据也在不断实时生成。例如，教师在平台上发布教学资料、布置作业、提供反馈、回答学生提问等，都会留下数据痕迹。这些数据不仅反映了教师的工作量，还能为学校的教学管理提供重要依据。通过分析教师的教学行为数据，管理者可以发现哪些教学资源使用频繁、哪些作业反馈迅速、哪些教师的课堂互动效果最好。这些信息帮助学校在教学评估、资源分配和教师培训方面做出更有针对性的决策。

此外，实时数据生成还扩展到了就业管理领域。在高职院校的就业服务体系中，毕业生的职业发展信息也在不断更新和变化。例如，学生的就业去向、薪资变化、行业流动等信息，都会被学校的就业管理系统记录下来。学校通过实时跟踪这些数据，不仅可以了解毕业生的职业发展情况，还可以根据就业市场的变化及时调整课程设置，确保培养的学生能够更好地适应社会需求。例如，若某一行业的就业数据呈现下降趋势，学校可以提前预警，建议学生拓展其他专业领域的技能，甚至通过调整课程结构，为学生提供更多的职业发展选择。

面对如此快的数据生成速度，传统的数据处理模式显然已经难以满足需求。教育管理者可以借助大数据技术对这些高速生成的数据进行实时监控、分析和反馈，从而提高管理和教学的响应速度。例如，学习管理系统可以自动实时跟踪学生的出勤情况、作业提交情况和测验成绩，并将这些数据直接反馈给教师和管理者。通过大数据平台，管理者可以清楚地看到每个学生的学习表现，发现那些在学习中可能遇到困难的学生，从而及时干预。

这种实时性的数据处理能力极大提升了高职院校的教育管理效率，使得教育管理更加及时、科学和精准。例如，管理者可以根据系统实时反馈的信息，发现某个班级整体作业提交率下降，进而通知教师进行提醒或调整教学内容，避免小问题累积成大的教学挑战。实时监控系统还能够在学生出勤率异常时发出警告，提醒教师关注某些学生的课堂参与情况，从而防止学生因缺勤导致学习效率下降。相较于传统的管理模式，这种基于实时数据的管理模式极大缩短了管理反应时间，使学校能够更加灵活地应对各种教学和管理问题。

除了提升管理效率，实时数据分析还可以推动高职院校的教学创新。借助实时数据，学校可以为教师提供即时反馈，帮助他们根据学生的实际表现调整教学策略。例如，如果数据表明某个班级在某一课程的测验成绩普遍较低，教师可以立刻采取相应的补救措施，如重新讲解难点知识或增加相关的练习题目。通过这种实时的教学调整，教师能够更加灵活地优化教学内容，确保学生的学习效果得到及时改善。

总的来说，大数据的高速生成特性为高职院校的教育管理和教学活动带来了前所未有的机遇。实时数据的获取和分析不仅可以帮助学校在学生管理、教学评估、资源分配等方面做出更加准确的决策，还可以提升教师的教学效率，使教育管理变得更加灵活、精准和高效。高职院校通过实时的数据监控与分析，能够更好地应对教学过程中的变化，确保教育质量的持续提升。

（三）Variety（数据类型多样）

大数据的第三个核心特征是多样性，即数据来源多样、类型丰富，涵盖了结构化和非结构化数据的广泛组合。在高职院校的教育管理中，数据的类型非常多样化，既有便于管理和分析的结构化数据，也有复杂、不规则的非结构化数据。理解并有效处理这些多样的数据类型，对于提升教育管理效率、改进教学质量至关重要。

结构化数据是大多数教育管理系统中最常见的数据类型。结构化数据通常指的是那些可以用表格、数据库等形式存储和组织的数据。这类数据具有高度的组织性和规则性，便于检索、存储和分析。例如，学生的学籍信息、成绩单、出勤率、课程安排、图书借阅记录等，都是典型的结构化数据。通过这些结构化数据，学校可以轻松进行常规管理和分析，例如统计学生的成绩分布、计算出勤率、安排课程表等。由于其高效的组织性和较低的处理难度，结构化数据在传统的教育管理系统中已经广泛应用。

然而，随着教育信息化的深入，非结构化数据的比重也在迅速增加。非结构化数据指的是那些无法用表格或数据库进行直接管理和分析的数据类型。它们的形式多样，缺乏明确的组织结构，因此传统的数据库系统难以处理。例如，在在线课堂中生成的讨论记录、作业的反馈意见、教师的评语、学生的学习笔记、视频讲座、音频文件、语音交互数据等，都是非结构化数据。这类数据通常包含大量的隐性信息，对理解学生的学习行为和教师的教学效果非常关键，但由于其复杂性和不规则性，学校管理者在处理这些数据时往往面临巨大的挑战。

举例来说，在线学习平台中的讨论记录是典型的非结构化数据。在这些讨论中，学生的言论、提问、回答等都反映了他们对某一知识点的理解程度和思考过程。如果能够有效分析这些数据，学校和教师将能够更好地把握学生的学习困惑、知识盲点以及学习兴趣。然而，由于这些讨论数据通常以文本形式存在且结构松散，传统的数据库和分析工具难以进行直接处理和分析。类似的情况还包括教师对学生作业的书面反馈，这些反馈意见往往是文字形式，反映了教师对学生个体表现的评价和建议，虽然这些数据非常宝贵，但其非结构化特点增加了处理的复杂性。

视频和音频文件也是非结构化数据的一大类。例如，课堂教学的录制视频、讲座视频、音频学习资源甚至师生之间的语音交互数据等，都是重要的非结构化数据。这类数据不仅体量大，而且缺乏明确的结构，但其中可能包含了丰富的教学信息和学生的学习状态。例如，通过分析教学视频中的学生表情、语音交互中的语调变化，学校可以推测出学生在某一知识点上的理解难度，或识别出学生在学习过程中的情绪波动，这些信息对改善教学方法和提升课堂效果有着重要的参考价值。

大数据技术的优势在于能够整合和处理这些结构化与非结构化数据，通过统一的分析平台对各类数据进行有效整合和分析。这一技术的核心在于，它能够通过复杂的算法与工具，对海量的非结构化数据进行解析、分类、提取关键信息，并与结构化数据进行关联分析。这样，教育管理者不仅可以看到学生的定量表现，如成绩、出勤率、作业完成情况等，还能结合学生的定性表现，如课堂讨论的深度、反馈中的情感倾向、学习笔记中的困惑点等，从而实现对学生学习情况的全面把握。

例如，学校可以将学生的成绩数据（结构化）与课堂讨论内容（非结构化）相结合，进行综合分析。如果发现某些学生在成绩上表现出色，但在课堂讨论中参与较少，管理者可以进一步分析这些学生是否在某些知识点上存在理解困难，或者由于其他原因导致参与度不高。反过来，学校还可以通过对讨论内容的情感分析，了解学生对课程的满意度，进而为教师提供反馈，帮助他们调整教学策略。通过这种综合分析，学校不仅能更精准地掌握学生的学习状态，还能实时优化教学设计，提升教育质量。

此外，教学评价也能从这种多样化的数据分析中受益。教师的课堂教学评价通常不仅包括学生的考试成绩（结构化数据），还包括学生的课堂表现、参与情况以及对教师的反馈（非结构化数据）。学校可以全面分析学生的考试成绩与他们的课堂互动情况之间的关系，从而帮助教师更好地理解自己的教学效果。例如，如果某位教师在课堂上使用了某种创新教学方式，学校可以通过学生的表现和反馈数据来评估这一方法的实际效果，进而推广或优化这种教学方式。

综上所述，大数据的多样性在高职院校教育管理中发挥了重要作用。大数据技术不仅能够处理传统的结构化数据，还能够有效整合和分析非结构化数据，为学校的教学管理、课程设计和教学评估提供了更加全面的支持。通过多种类型数据的综合应用，高职院校可以更全面地了解学生的学习行为，教师的教学效果，从而实现个性化、精准化的教育管理。大数据为高职院校提供了丰富的信息资源，使教育管理者能够基于更加全面的视角和深入的数据分析做出科学的决策，从而不断提升学校的教学质量和管理水平。

（四）Veracity（数据真实性）

大数据中的“真实性”特征，指的是数据的可靠性和准确性。数据的真实性对于保障决策的科学性和有效性至关重要。教育管理者依赖数据做出一系列决策，这些决策直接影响到学校的运作、教学质量的提升以及学生的学习与发展。如果所依赖的数据不准确，或存在误差和失真，管理者可能会依据错误的信息制定政策或采取行动，导致不良后果，甚至影响整个教育体系的运转。

在高职院校的学生管理过程中，数据的准确性和可靠性尤为重要。学籍信息、考试成绩、出勤记录等关键数据直接关系到学校对学生的管理和评价。例如，如果学生的学籍信息在系统中被错误录入，可能会导致学生在学期末无法正常参与考试，或无法获得学分认证，这不仅对学生的学习生活产生负面影响，也会损害学校的声誉。同样，学生的考试成绩是学校评估学生学术表现的重要依据，如果数据存在错误或失真，将误导教师和管理者的判断，影响后续的教育干预措施。举例来说，某些学生的成绩可能因数据错误而被误判为学习优异或表现不佳，导致教师无法做出正确的教学调整。

此外，学生的心理健康数据和行为表现数据也必须高度重视其真实性。这些数据通常用于评估学生的情绪状态、心理发展和社交能力，是学校制定个性化教学和干预措施的重要依据。如果这些数据存在偏差或不准确，可能导致不当的干预措施，反而对学生的身心健康产生负面影响。举例来说，如果学生的心理健康数据由于技术原因或录入失误而无法准确反映其真实状态，学校可能无法及时识别有心理问题的学生，错过了及时干预的机会，从而影响学生的学习和生活。

在此背景下，如何保证数据的真实性成为高职院校在利用大数据技术时必须特别关注的核心问题。数据的准确性不仅取决于技术手段，还依赖于制度建设和管理流程的完善。为确保数据的真实性，高职院校需要建立一套严格的数据管理制度，从数据的采集、录入、更新、存储到使用的每一个环节，都应进行科学管理和严格监控。具体而言，学校应确保数据的录入者经过适当的培训，具备基本的数据处理能力，减少因人为失误导致的数据录入错误。此外，学校应建立数据审查机制，定期对已有数据进行核实和更新，确保数据的时效性和准确性。

为了进一步提高数据的可靠性，学校还可以利用大数据平台的技术优势，实施多重验证机制。在数据采集过程中，系统应能够对数据源进行全面校验。例如，学校可以通过交叉验证不同来源的数据来保证其一致性，如将学生的考试成绩与其作业表现、课堂参与度进行对比，或将学籍信息与学生的出勤率等行为数据进行比对。如果发现数据之间存在不一致或异常，系统应能够发出警告，并要求管理者进行人工核查和处理。

大数据算法的引入也能显著提升数据的准确性。通过先进的算法，学校可以对采集到的数据进行实时校验。例如，数据录入系统可以在录入过程中自动识别异常数据点，及时向录入者发出警示，并进行数据纠错。同时，大数据技术还可以帮助学校分析历史数据的变化趋势，预测潜在的数据异常情况，并通过数据建模进一步验证数据的合理性。这样的多层次验证能够有效降低数据误差率，确保高职院校在管理和教学决策时依赖的是准确、可信的数据信息。

数据的真实性不仅与数据的收集和处理过程相关，还涉及数据存储和传输的安全性。高职院校在利用大数据技术时，必须确保数据在传输和存储过程中不被篡改或损坏。学校应加强信息安全基础设施建设，使用加密技术保护数据的传输安全，并采取严密的访问控制措施，防止未经授权的人员接触敏感数据。例如，学生的个人信息、学籍记录等涉及隐私的数据，必须在访问和处理时严格按照权限控制和加密存储，确保数据在传输过程中不会受到攻击或泄露。通过这些安全措施，学校可以有效保证数据的完整性，避免因数据安全问题导致数据失真或管理失误。

总而言之，数据的真实性是高职院校教育管理中至关重要的因素，影响着管理者的决策、教师的教学和学生的发展。大数据技术为教育管理提供了强大的工具，但其前提是数据必须真实、可靠。为此，学校需要建立严格的数据管理流程，依靠大数据平台进行多重验证和算法校验，确保数据的准确性与可靠性。只有在数据真实性得到保障的情况下，学校的教育管理和教学创新才能真正基于科学的决策，推动教学质量和管理效率的不断提升。

（五）Value（数据价值高）

大数据的最后一个核心特征是其价值，即通过对数据的挖掘和分析所获得的洞见与决策支持。大数据的核心价值体现在为学校的管理决策提供科学依据，从而提升管理的精准度和有效性，帮助学校实现教育资源的最优配置，并促进教学质量和管理水平的全面提升。

首先，大数据的教学管理价值尤为显著。学校通过对学生学习数据的深度分析，可以发现影响学生学习成绩的关键因素，并为教师的教学策略调整提供数据支持。例如，通过分析学生的出勤率、作业完成情况、课堂互动参与度等数据，学校可以找出哪些教学内容或教学方式与学生的学习效果密切相关。如果某些课程中的学生成绩普遍较低，学校可以通过数据分析探究原因，发现可能是授课内容过于复杂、教师讲解不够清晰，或是学生的课外学习资源不足。根据这些数据，教师可以及时调整教学方法，增加互动性，或提供更多课后学习材料，以提升学生的学习效果。

就业管理也是大数据价值的重要体现。高职院校的主要目标之一是帮助学生顺利就业并为社会输送技能型人才。通过大数据分析，学校可以深入了解毕业生的就业趋势，分析不同专业的就业率、薪资水平、行业分布等关键信息。这些分析结果不仅能够帮助就业管理部门为在校学生提供更有针对性的职业规划和就业指导，还可以为学校未来的专业设置和课程调整提供科学依据。例如，如果某一专业的就业率持续走低，学校可以通过调整课程内容或增加实训项目，增强学生在该领域的就业竞争力。相反，若某些专业的就业需求上升，学校可以增加招生名额或推出相关的技能培训课程，以满足市场需求。

在教学效果评估和资源配置优化方面，大数据同样发挥着不可或缺的作用。通过对课堂教学效果和学生反馈的综合分析，学校可以精准评估每一门课程的教学质量。例如，学校可以根据学生的测验成绩和课堂反馈，评估某一课程在不同班级或不同年级中的实际效果，进而发现哪些课程需要改进，哪些教学资源需要重新分配。通过这样的数据分析，学校能够优化资源配置，确保教学设备、教师资源、实验室等设施得到充分且合理的利用。例如，某些教学楼的使用率长期偏低，学校可以根据大数据分析结果重新安排课程，合理分配教学空间。

大数据不仅在整体的教学和管理层面带来显著的提升，其个性化辅导的价值也日益凸显。学校可以精确识别出哪些学生存在学习困难，并根据学生的具体情况提供有针对性的辅导方案。例如，某些学生可能在多个课程中的成绩持续低于班级平均水平，或在课外活动中表现出较低的参与度。通过大数据的挖掘，学校可以提前预测这些学生可能面临的学习障碍，并及时提供个性化的辅导和心理支持，从而有效减少学生掉队的风险。这种基于数据的干预机制，不仅提高了学生的学业成绩，也在很大程度上促进了学生的全面发展。

此外，大数据的价值还体现在教师绩效评估和招生策略优化等方面。在教师绩效评估中，学校可以通过数据分析综合评价教师的教学效果。例如，分析学生的课堂反馈、成绩变化、教学内容的创新性等数据，全面衡量教师的教学质量。相比传统的主观评价方式，基于数据的评估更加客观、全面，能够帮助学校制定更为科学的教师奖励和培训机制，进而提升整体教学水平。

在招生策略方面，大数据为学校提供了更加精准的指导。通过对历年招生数据的分析，学校可以了解不同地域、不同背景的学生在学校的表现和就业情况，从而优化招生计划。例如，通过分析发现某些生源地的学生在某些专业中表现优异且就业率较高，学校可以适当增加该地区的招生配额。同时，学校还可以利用大数据平台预测未来招生趋势，依据市场需求调整招生方向和数量，以确保学校的人才培养与社会需求的精准匹配。

资源分配优化是大数据另一个不可忽视的价值体现，学校可以更好地分配有限的教育资源。比如，通过对实验室使用率、图书馆借阅情况、课程报名数据等信息的整合分析，学校可以合理安排实验设备的采购、图书馆资源的扩充，以及教学场地的分配。大数据分析可以帮助学校发现哪些资源处于高使用率状态，哪些资源则较少被利用，进而对这些资源进行重新分配或升级，确保每一项资源的投入都能够最大化地发挥其作用。

通过大数据的深度挖掘和分析，学校不仅能够更好地了解学生的学习行为和需求，精准识别问题，并根据数据制定针对性解决方案，还能够在教学内容优化、教师绩效提升、学生个性化辅导、资源配置和招生策略调整等多个层面取得显著成效。在大数据的支持下，高职院校能够更加灵活应对现代教育管理中的复杂挑战，为学生、教师和学校的整体发展创造更高的价值。

总的来说，大数据的 5V 特征——数据量大、生成速度快、类型多样、真实性高、价值高，决定了大数据技术在高职院校教育管理中的广泛应用潜力。大数据为学校提供了全面、及时、精准的管理工具，使得教育管理更加科学化和智能化。在未来的教育管理中，大数据技术将继续发挥关键作用，帮助学校提升教育质量、优化资源配置，并为学生提供更加个性化的学习支持。

三、大数据技术在教育领域的应用

（一）数据存储与管理技术

随着高职院校数字化转型的加速，大量教育数据的产生和管理成为学校面临的一个重要问题。传统的数据存储方式已经难以满足大规模、多样化教育数据的存储需求，而大数据时代的到来，为高职院校提供了更加先进的技术解决方案，其中云计算和分布式存储技术扮演着至关重要的角色。

云计算技术通过提供弹性和可扩展的计算和存储资源，能够高效地处理高职院校在教学、科研、学生管理等领域中生成的海量数据。通过将数据存储在云端，学校不仅可以降低数据存储的硬件成本，还可以实现数据的随时随地访问，极大提高了数据管理的灵活性。

分布式存储技术则帮助学校实现数据的分布式存储和管理，将数据分散在多个存储节点上，保证了数据的安全性和可用性。即使某一节点出现故障，数据依然可以从其他节点恢复，保障数据的持久性和安全性。此外，分布式存储还可以提高数据的访问速度，使得教育管理者能够快速获取所需数据，实时进行分析和决策。

通过云计算和分布式存储技术的结合，学校可以高效地管理和利用各类教育数据，确保数据在大规模使用中的稳定性和安全性。这不仅优化了教育管理中的数据处理流程，也为实现智能化管理奠定了基础。

（二）数据挖掘与分析技术

在大数据技术的应用中，数据挖掘与分析技术是将海量数据转化为有价值信息的关键手段。高职院校在日常管理和教学过程中产生的各类数据，通过数据挖掘技术可以从中提取出深层次的规律和趋势，应用于教育管理的多个方面，如预测、决策支持和教学评估。

通过数据挖掘，学校可以根据学生的学习行为、成绩数据、课程选择等，建立学生学习模式的预测模型。例如，分析哪些因素最能影响学生的成绩变化，找出学习效果不佳的潜在原因，从而对学生进行针对性辅导和干预。[①] 同时，学校还可以通过分析毕业生的就业数据，预测就业市场的变化趋势，帮助管理者优化专业设置和课程安排。

此外，数据挖掘在决策支持中也具有重要作用。管理者可以通过对历史数据的分析，找到管理中的薄弱环节，进而调整管理策略。例如，某些课程的通过率较低，系统可以通过分析历史数据，给出合理的调整建议，比如优化教学内容或调整授课方式。

数据挖掘技术还在教学评估中发挥了显著作用。通过对教师授课效果、学生反馈、课堂参与度等多维度数据的分析，学校可以全面了解教学质量，并及时调整教学策略，提升整体教学水平。通过数据挖掘和分析，高职院校能够更科学地进行教育管理，确保各项管理工作更加精准高效。

（三）人工智能与机器学习在教育管理中的角色

人工智能（AI）和机器学习（ML）技术的快速发展，为高职院校的教育管理带

① 丁恺. 课堂教学的“学情分析”研究［D］. 华东师范大学［2024-11-11］.

来了前所未有的智能化变革。通过 AI 和 ML 技术，学校可以更加深入地分析学生的学习行为、评估学习效果，并推动教育管理向智能化发展。

在学生管理方面，人工智能能够根据学生的学习数据和行为模式，构建个性化的学习路径。例如，AI 系统可以通过分析学生的学习习惯和知识掌握情况，智能推荐适合其学习水平的课程和资源。对于学习表现不佳的学生，系统可以通过机器学习模型提前预测其潜在的学习问题，及时发出预警，帮助学校进行早期干预，避免学生掉队。此外，AI 还可以用于分析学生的心理健康状况，结合行为数据，识别心理问题的早期信号，从而帮助学校开展心理辅导工作。

在教学管理中，AI 技术可以通过对大量教学数据的分析，生成智能化的教学评价体系。例如，系统能够自动评估教师的教学效果、学生的课堂参与度等，给出具体的改进建议，帮助教师优化教学内容和方式。与此同时，AI 技术还可以为学校提供更加精准的教学资源配置方案，如智能排课系统通过机器学习算法，根据教室使用情况、教师时间安排和学生需求，生成最优的排课方案，提升教学资源的利用效率。

机器学习模型还可以通过不断学习积累的数据，优化教育管理的各个环节。例如，系统通过分析往年的招生数据、课程通过率和就业情况，可以预测未来几年哪些专业会更加热门，并基于此调整招生策略和课程设置。

总之，人工智能和机器学习技术在教育管理中的应用，不仅提升了管理的智能化水平，还为管理者提供了更具前瞻性的决策支持。通过 AI 和 ML 的深度应用，高职院校能够实现管理效率和教学质量的双提升，推动教育管理进入智能化新时代。

综上所述，大数据技术在高职院校的教育管理中具有广泛的应用价值。数据存储与管理技术为教育数据的安全、稳定存储提供了坚实的基础，数据挖掘与分析技术为管理决策提供了有力支持，人工智能与机器学习技术则推动了教育管理的智能化发展。通过这些技术的综合运用，高职院校能够更加精准、高效地进行教育管理，为学生提供更加个性化、智能化的学习体验。

四、大数据在教育管理中的主要应用领域

（一）教学过程管理

大数据在教学过程管理中的应用，为高职院校提供了更加精准和科学的教学策略优化手段。相比于传统教学管理模式主要依赖期末评估和师生主观反馈，大数据技术

通过采集、整理和分析学生在课堂中的学习行为、作业完成情况、考试成绩等多维度数据，为学校提供了更加实时、全面的教学过程监控。这样，学校能够动态掌握每个学生的学习情况和教师的授课效果，从而更加精准地进行教学管理与策略调整。

首先，大数据技术能够通过对课堂数据的实时采集和分析，帮助教育管理者全面了解教师的教学效果。传统的评估手段，例如期末评估问卷和学期末考试，通常无法及时反映教学中的问题，尤其是课堂上的具体表现。然而，学校借助大数据的手段可以获取更加细致的教学过程数据。例如，学生在课堂中的参与度、作业完成时间、考勤数据、实时测验成绩等，这些数据能帮助管理者对教师的授课风格、教学进度、课堂互动等多个方面进行深入评估。

举例来说，数据分析可以揭示教师的授课内容是否过于复杂、教学进度是否过快或过慢、学生是否难以跟上课堂进度等问题。如果系统发现某一课程的学生普遍成绩较低或出勤率下降，学校可以通过这些数据反馈来分析原因，进而采取相应的措施。例如，学校可以建议教师增加课堂互动环节、引入更多实际案例，或通过线上线下混合授课的方式增强学生的兴趣。通过这种数据驱动的管理模式，学校可以更及时地发现教学中的潜在问题，并做出相应调整，以确保教学质量的不断提升。

此外，大数据技术还可以为教师提供个性化教学的支持，帮助他们根据学生的个体表现进行差异化教学。每个学生的学习节奏、理解能力和兴趣点各不相同，传统的“一刀切”式教学模式往往无法满足所有学生的需求。而通过大数据分析，教师可以实时掌握每个学生的学习进度、作业质量、课堂参与度等数据，识别出哪些学生在学习上有困难，哪些学生在某些知识点上表现出色，从而为每个学生定制个性化的教学方案。

例如，对于那些表现出色的学生，教师可以通过数据分析发现他们在某些领域具有更高的学习潜力，进而为他们提供更加高阶的学习资料或课外任务，帮助他们进一步拓展知识面。对于那些在某些知识点上表现薄弱的学生，教师可以通过加强辅导、提供额外的学习资源或调整教学内容的难度，帮助他们克服学习障碍。这种差异化教学不仅能够有效提升学生的学习效果，还能避免学生因学习困难而丧失学习兴趣。

实时数据反馈是大数据在教学管理中应用的另一大优势。与传统的评估方式不同，数据反馈能够在教学过程中提供即时信息，帮助教师做出快速反应。例如，如果学生在某节课中的在线测试成绩普遍较低，系统可以立即将这一情况反馈给教师，教师可以在下一堂课中重点重新讲解相关知识点，或为学生提供额外的学习材料。通过这种实时调整机制，教师可以更灵活地应对学生的学习需求，优化教学过程，从而大幅提高教学效果。

大数据的应用不仅有助于教学过程中的即时调整，还能够为学校的整体教学策略提供长期的趋势分析和决策支持。通过分析历年学生的学习数据，学校可以识别出长期存在的问题或优势。例如，某些专业的课程内容可能长期以来都存在难以掌握的知识点，或某一学科在不同年级中的学习效果存在显著差异。通过这些数据洞察，学校可以对课程设置、教学内容、教学方式等做出结构性调整，以更好地服务于未来的教学需求和学生发展方向。

此外，大数据还可以促进教师之间的协作与经验分享。通过数据平台，教师可以共享学生的学习表现和课程反馈，互相借鉴教学经验。例如，如果某位教师在课堂互动和学生参与度方面表现出色，其他教师可以通过数据分析平台了解其授课模式，并根据自己的教学风格做出相应调整。这种数据驱动的教学协作不仅提升了整体教学质量，还创造了更加开放、互动的教学环境。

总而言之，大数据在教学过程管理中的应用为高职院校提供了更加科学、实时和精确的教学策略优化手段。它通过实时采集和分析学生和教师的多维度数据，帮助学校管理者深入了解课堂情况，发现教学中的潜在问题，并为教师提供个性化教学的支持。高职院校能够更加灵活地应对教学挑战，提升教学质量，实现精准化管理与个性化教育的有机结合。

（二）学生行为与学习轨迹分析

大数据技术在高职院校教育管理中的一个重要应用，是对学生学习行为和学习轨迹的分析。通过大数据技术，学校能够详细跟踪和分析学生的学习全过程，包括出勤情况、课堂参与度、在线学习时间、作业完成情况、考试成绩等多种数据。这些行为数据不仅提供了对学生学习表现的全面了解，还揭示了他们的学习模式和潜在问题，帮助学校和教师做出更有针对性的教育决策。

首先，学生学习行为数据的收集和分析为学校提供了对学生学习习惯和学习进展的全面视角。传统的学生表现评估大多依赖期中、期末考试等固定节点的数据，难以反映学生在日常学习过程中的细微变化。而通过大数据技术，学校可以实时掌握学生在每个学习环节中的表现。例如，出勤情况、课堂互动次数、在线学习时长、作业完成进度、课后复习时间等数据，可以帮助学校全面评估学生的学习态度和投入度。

这一数据的分析能够帮助学校精准识别学生的学习习惯和潜在的学业问题。例如，通过分析学生在特定课程中的学习轨迹，学校可以发现学生在哪些知识点上存在理解困难，或在哪些学习阶段出现了瓶颈。如果某一学生在某些知识点上的作业完成质量明显低于其他同学，或者考试成绩在某些章节显著下降，数据分析可以揭示出该学生的薄弱环节，提醒教师在授课时重点讲解相关内容，或为学生提供个性化的辅导。这种基于数据的分析，不仅提高了教学的针对性，还能够大幅减少学生的学习压力，帮助他们更高效地掌握知识。

学习轨迹的分析还能够为教师提供重要的反馈信息，帮助他们及时调整教学策略。例如，如果数据表明学生在某节课上的参与度较低，或者学生普遍反映某个知识点的难度较大，教师可以及时调整授课方式，如增加互动环节、采用更直观的案例教学，或者延长对难点的讲解时间。此外，如果某些学生在多次测验中表现出持续的成绩下降，教师可以通过数据分析发现学生在理解上的具体问题，进而为他们提供有针对性的学习指导。

更重要的是，学生的学习轨迹分析能够为学校制定个性化的教学方案提供数据支持。① 大数据技术可以通过对学生历史表现的持续跟踪和分析，了解每个学生的学习特点、成绩变化趋势和学习习惯。这些信息为学校制定个性化的学习计划提供了有力依据。例如，系统可以自动识别哪些学生在特定科目上表现优异，哪些学生在学习过程中需要额外的辅导，从而为每个学生量身定制学习方案。对于学习能力较强的学生，系统可以为他们推荐更具挑战性的课程或自学任务，而对于那些在学习上存在困难的学生，系统则可以为他们安排额外的辅导课，提供个性化的学习资源，帮助他们巩固基础知识。

通过这种个性化的教学方案，学校不仅能够提升学生的学习体验，还能够有效提高整体教学效果。这种数据驱动的个性化教育不仅提升了学生的学习成绩，还极大地激发了学生的学习积极性，帮助他们在最短的时间内最大程度地掌握知识。

此外，大数据技术还能够帮助学校提前预测和预警学生的学业风险。通过对学生学习轨迹的深度挖掘，系统可以识别出那些存在潜在学业风险的学生。例如，某些学生可能在学习的早期阶段表现良好，但随着课程难度的增加，学习成绩逐渐下降；或者某些学生的出勤率和在线学习时长明显低于班级平均水平，这些都是潜在的辍学信

① 王振宇，林建忙，俞茹芳. 学生校内行为轨迹对成绩的相关性分析模型：CN201810367094. 4 [P]. CN108564504A [2024-11-11].

号。通过对这些数据的综合分析，系统能够提前发出预警，提醒学校和教师进行干预。针对这些学生，学校可以安排专门的导师进行学习跟踪，提供个性化辅导，或通过心理咨询帮助学生调整心态，避免学业压力导致的辍学风险。

这种早期干预机制的价值在于，它能够有效降低高职院校中普遍存在的辍学率问题，帮助学校更好地实现教育目标。学校可以从学业表现、课堂参与、学习习惯等多角度综合分析学生的学习轨迹，及早发现潜在问题，并根据具体情况采取干预措施。这不仅能够帮助学生改善学习成绩，还能增强学生对学习的信心，从而提高其学业完成率和职业发展前景。

除了帮助学生改进学习，大数据还能够为学校的教学评估和管理决策提供重要参考。例如，学校可以通过学习轨迹分析了解哪些课程或教学方法更受学生欢迎，哪些课程需要进一步优化。如果某些课程的参与度和通过率长期低于平均水平，学校可以根据这些数据决定是否需要调整课程内容或更新教学方式。这种基于数据的反馈机制，不仅能够提高教学质量，还能使学校的课程设置更加灵活和贴近学生需求。

总的来说，学生行为与学习轨迹的分析是大数据技术在高职院校教育管理中的一项重要应用。通过对学生行为数据的采集和分析，学校可以深入了解学生的学习习惯和学习进展，精准识别学业问题，并为教师提供个性化教学的依据。同时，学习轨迹的分析还能够帮助学校提前识别潜在的学业风险，制定早期干预方案，确保学生顺利完成学业。在大数据的支持下，高职院校可以更加灵活地调整教学策略，提升教学质量，实现真正的个性化教育和科学化管理。

（三）教育资源的智能配置与优化

高职院校的教学资源（如教室、实验室、教师、设备等）的合理配置与优化是教育管理中的重要环节，而大数据技术为这些资源的动态配置和优化提供了更加智能化的解决方案。传统的资源配置通常依赖于固定的时间表和管理者的经验判断，难以应对实际需求的变化，资源利用效率较低。学校可以实时监测和分析各类资源的使用情况，从而动态调配资源，确保资源利用的最大化和教学的高效进行。

首先，大数据技术可以帮助学校动态分析教室和实验室的使用频率，从而实现更加合理的资源分配。传统的教室和实验室安排方式通常在学期开始时固定下来，缺乏灵活性，容易导致某些教室或实验室在某些时段被闲置或过度使用。而通过大数据系统，学校可以实时监测各类教学空间的使用情况，精确统计每间教室或实验室的使用频率、时间分布以及课程需求。这些数据能够为管理者提供依据，合理调整课程安排和教室分配。例如，学校可以根据不同专业的学生选课情况和课程容量，动态调整教室使用，确保每一间教室的利用率都达到最佳水平。

例如，某些课程的学生数量较多，且对实验室设备的需求较高，但如果没有及时根据实际需求调整实验室资源，可能会出现实验设备过度使用而损坏，或实验安排过度紧张影响教学效果。通过大数据系统，学校可以提前预测这些问题，及时调整实验室的使用安排，或者在设备负荷过大时建议额外添置或合理调配其他时间段的实验室使用，避免过度集中在某个时段，保障教学活动的顺利进行。

其次，大数据技术还可以优化教师资源的配置。不同课程对教师的要求各不相同，而学校也需要根据教师的经验和专长合理安排授课任务。传统的教师分配依赖于管理者的主观判断和固定安排，容易造成部分课程难度较高却未能配备经验丰富的教师，或者基础课程过度集中于资深教师，而新教师的教学任务过轻、不均衡等问题。

通过大数据分析，学校可以综合考虑学生的选课数据、课程的难易程度、教师的教学经验和过去的教学反馈，智能分配教师资源。例如，系统可以根据某些课程的复杂程度和学生的历史表现，推荐教学经验丰富、专业能力较强的教师去教授高难度课程，以确保学生能够在较复杂的学习内容中得到有效的指导和支持。而对于新教师，系统则可以安排他们从基础课程开始，逐步积累教学经验，逐渐承担更复杂的教学任务。这种智能化的教师分配，不仅提升了整体的教学质量，还能帮助教师更加合理地规划和发展自己的教学职业生涯。

资源的智能配置与优化不仅体现在教师和教室的安排上，还能够帮助学校提升设备和物资的管理效率。高职院校的教学设备、教材、教具等资源是日常教学中必不可少的部分，但这些资源的管理和维护往往由于使用频率不同、需求变化等原因而面临挑战。学校可以对硬件设备、教材和教具等资源的使用情况进行实时监控，并根据使用数据制定合理的维护和更新计划。

例如，某些教学设备在实验课中使用频繁，而其他设备可能在不同课程中使用较少。学校可以根据这些使用频率安排定期的设备维护、升级或采购，确保资源的可用性和耐用性。系统可以自动发出提醒，通知管理者哪些设备需要维修或更换，从而减少设备故障对教学的影响。此外，教材和教具的使用也可以通过大数据进行优化。例如，学校可以根据课程需求和学生反馈分析哪些教材更受欢迎，哪些教材使用率较低，从而合理调整教材采购计划，避免教材资源的浪费。

大数据在资源配置中的另一大优势是成本优化。通过精确监测资源的使用情况，学校可以更合理地进行资源分配和设备维护，减少资源的闲置和浪费。例如，在某些时段，学校的电力、网络带宽等资源的使用量可能较低，通过数据分析，学校可以优化这些资源的配置和调度。学校还可以根据数据分析结果，调整教室的使用频率和电力消耗时间，降低运营成本，提高校内设施的使用效率。

此外，大数据技术还可以帮助学校预测未来的资源需求，为长期规划提供依据。通过对历年数据的分析，学校可以预测未来某些课程、学科或学生人数的增长趋势，进而提前安排教学资源。例如，某些热门课程的选修人数逐年增加，学校可以通过大数据预测未来的选修需求，提前增加相关的教室和设备，避免在需求高峰期出现资源短缺的问题。

总而言之，大数据技术为高职院校的教学资源智能配置与优化提供了强有力的工具。通过对教室、实验室、教师、教学设备等多种资源的实时监控和动态调整，学校不仅能够提高资源的利用效率，还能有效降低运营成本，确保每一项资源得到最大化利用。同时，大数据技术帮助学校实现了资源配置的精确化和个性化，不仅优化了教学管理，还提升了学生的学习体验和教师的教学质量。通过大数据支持的智能配置，学校能够更加灵活、高效地应对不断变化的教学需求，实现教育资源的合理分配与科学管理。

（四）决策支持与风险预测

大数据技术的一个重要应用领域是为教育管理者提供决策支持与风险预测。这一应用不仅提高了管理决策的科学性，还使得管理者能够在面对潜在问题时更加主动、快速地应对，通过数据分析提前采取措施，确保管理和教学工作的顺利进行。

首先，大数据技术在学生辍学风险预测中发挥了至关重要的作用。辍学问题是高职院校教育管理中的一大挑战，传统的辍学预警方式往往依赖于学生出现明显学习问题或行为异常后才进行干预，时效性较差。而大数据技术通过对学生的学习行为、成绩变化、出勤率等多维度数据的分析，能够精准识别出那些存在高辍学风险的学生。

例如，系统可以通过分析学生在特定时间段内的学习行为，如作业提交频率、在线学习时长、课堂参与度等数据，判断学生的学习状态是否出现明显下降。如果某些学生在多次测验中的成绩持续低于班级平均水平，或其出勤率较低，系统可以将这些数据进行综合分析，并识别出该学生可能存在的学业问题或心理问题。基于此类数据分析，学校能够对这些学生进行提前干预，如安排个性化辅导、提供心理咨询等，帮助学生及时调整学习状态，从而降低辍学率。通过这种预测与干预机制，学校不仅能够保留更多学生，还能改善整体教学质量。

大数据技术不仅能够帮助管理者识别个体学生的风险，还可以从宏观层面预测课程设置的合理性。通过分析学生的选课数据、成绩分布、课程反馈以及教学效果，大数据可以揭示哪些课程的设计存在问题。例如，如果某些课程的选修率持续较低，或者学生在该课程中的通过率较低，系统可以提醒学校管理者这些课程可能不符合学生的兴趣或学习需求。管理者可以根据这些数据反馈，及时调整课程设置，修改课程内容或教学方式，确保学生的学习需求得到充分满足，同时提高课程的整体质量和吸引力。

此外，大数据在招生策略和专业设置方面也发挥了关键作用。高职院校的招生工作通常依赖于对未来就业市场需求的预测和对学生兴趣的分析。通过对往年招生数据、就业市场需求以及社会发展趋势的分析，学校可以更好地了解哪些专业领域的市场需求较高，哪些专业的就业前景较好。大数据能够分析就业市场的变化趋势，例如，某一行业的快速发展可能带来大量的就业机会，而某些领域的市场需求可能逐渐饱和。基于这些数据，学校可以灵活调整招生计划，增加或减少某些专业的招生名额，从而更好地匹配社会和市场的需求，提升学生的就业竞争力。

同样，在教学计划的制订和资源配置方面，大数据也能提供重要的决策支持。通过对以往教学数据的分析，学校可以更加精准地制订教学计划。例如，大数据可以帮助学校预测某些课程的未来选课趋势、教师的工作量变化、实验室和教室的使用需求等，管理者可以根据这些预测结果提前调整资源分配，确保教学资源能够满足学生的需求，并且合理安排教师的教学任务，避免教师负担过重或教学资源的过度消耗。

大数据的风险预测功能还体现在对教学管理中的潜在问题进行预警。例如，系统可以通过分析教师的工作量数据，发现哪些教师的教学任务可能过于繁重，或者某些课程的学生通过率较低。这些数据可以作为管理者调整教学任务和教学方法的依据。如果某位教师的工作量持续超出合理范围，学校可以提前安排其他教师分担教学任务，避免教师因工作负担过大导致教学质量下降。类似地，如果某些课程的通过率明显低于平均水平，系统可以提醒管理者课程内容或教学方法可能需要调整，从而避免学生的大面积不及格情况。

大数据技术还可以帮助学校提升学生满意度。通过分析学生对不同课程的反馈数据，管理者可以及时了解学生对课程设置、教学质量以及教学设施的满意度。如果数据分析显示某些课程的学生满意度持续下降，管理者可以迅速采取措施，如重新审视课程内容、引入新的教学方式或为教师提供教学培训。通过这些基于数据的反馈和预测，学校可以有效提升教学质量，增强学生的学习体验。

决策支持与风险预测的优势还体现在学校能够更加快速、灵活地应对突发问题。例如，在某些学期末，学校可能面临教师资源紧张或实验室设备负荷过大的情况。通过大数据的实时分析，学校可以提前预测到这些问题并采取预防措施，如增加额外的教师辅助力量或扩展实验设备的使用时间，从而避免突发问题影响教学进度。大数据不仅提高了学校应对风险的能力，也确保了管理工作的顺利开展。

通过对历史数据的分析和未来趋势的预测，学校不仅能够提前识别潜在的风险，进行主动干预，还能够在招生策略、课程设置、资源配置等方面做出更加科学、精准的决策。大数据的应用使得管理者在面对复杂的教育环境时，能够更加灵活和迅速地做出应对，为提升学校的教育质量和管理水平提供了强有力的支持。

综上所述，大数据技术在高职院校的教学过程管理、学生行为分析、资源配置和管理决策中发挥了不可替代的作用。通过大数据的广泛应用，学校能够更加精准、高效地进行教育管理工作，提升教学质量、优化资源配置，并为管理者提供科学的决策支持，使得教育管理更加智能化、数据化，为学生和教师带来更好的教学和管理体验。

第二节 现代高职院校教育管理理念

一、现代高职院校的教育管理目标

（一）以学生为中心的教育管理

现代高职院校的教育管理目标已经从传统的“管理为中心”逐步转向“学生为中心”，强调个性化教育，以更好地满足学生的学习需求和发展目标。大数据技术的广泛应用为这种以学生为中心的教育管理模式提供了有力支持，使得学校能够更加精准地掌握学生的学习行为、进展及个体差异，从而开展个性化的教育服务。

以学生为中心的教育管理不仅意味着关注学生的学习成绩，更强调学生的全面发展。学校可以实时跟踪学生的学习进度、出勤情况、课堂参与度、作业完成度等多维度数据，深入分析学生的学习行为和习惯。这种数据驱动的管理方式，能够帮助学校更好地识别学生的个性化需求，及时发现学习过程中出现的问题，并提供相应的辅导和支持。例如，对于学习困难的学生，系统可以通过分析数据，提示教师进行个性化学习指导，制定个性化的学习方案，帮助学生逐步提升成绩。

此外，大数据还为学生提供了个性化的学习路径推荐，帮助他们根据自身的兴趣、能力和职业发展需求，选择最适合的课程和发展方向。这种个性化教育管理不仅提高了学生的学习效率，还增强了学生的学习动力和参与度，使得每个学生都能根据自己的节奏和目标实现更好的发展。

（二）产教融合与职业教育的双重使命

现代高职院校肩负着独特的双重使命，即人才培养与行业需求的紧密结合。[①] 产教融合成为高职院校教育管理的核心目标之一，学校不仅要为学生提供理论学习的机会，还要通过与企业和行业的紧密合作，确保学生能够具备实用的职业技能，顺利进入职场并满足市场的需求。

大数据技术在这一过程中发挥了重要作用。通过对行业数据、就业市场需求数据和学生学习数据的综合分析，学校能够更加精准地了解行业发展趋势和市场需求，进而及时调整课程设置和教学内容，确保教学内容始终与市场发展同步。例如，学校可以通过大数据分析行业中的热门岗位和技能需求，调整专业设置和课程内容，增加市场急需的技能培训模块，帮助学生更好地适应就业市场。

此外，学校还可以通过大数据分析企业对毕业生的反馈，进一步优化教学内容，确保产教融合的质量和效果。这种基于数据的产教融合管理模式，不仅提升了学校人才培养的质量，还增强了学生的就业竞争力，确保他们能够在毕业后迅速适应职场，并为社会和企业创造价值。

高职院校可以更加精准地平衡人才培养与行业需求之间的关系，既满足了社会经济发展的需要，又实现了学生的职业成长与发展目标。这种产教融合的双重使命，要求学校在教学管理中始终保持市场导向，不断通过数据反馈进行调整和优化，确保教学与产业同步发展。

---

① 吴蓓蓓，徐莎．工匠精神视域下高职院校“双师型”教师队伍培养路径探究［J］．环球市场，2019.

总的来说，现代高职院校的教育管理目标体现在两个重要方面：以学生为中心的个性化教育管理和产教融合的双重使命。大数据技术为实现这些目标提供了强大的支持，通过对学生和行业的深入数据分析，学校能够更好地开展个性化教学，优化产教融合的管理模式，确保学生的全面发展和职业竞争力的提升。

二、高职院校教育管理的基本原则

（一）科学性与系统性原则

在大数据时代，高职院校的教育管理必须遵循科学性和系统性原则。这意味着管理流程要基于规范化的体系，同时借助大数据分析结果，确保管理决策的合理性、精准性和有效性。

大数据技术能够为学校提供全面的管理信息支持，包括学生学习进度、教师教学效果、资源使用效率等，通过对这些数据进行科学分析，管理者可以更加准确地了解校园运作状况，并据此进行科学决策。例如，基于数据的分析，学校可以优化课程安排，合理配置教学资源，确保各类教育活动得到有效管理和组织。

系统性原则要求高职院校的教育管理流程具备整体性、协调性和连续性。通过建立完善的管理系统，学校可以实现各个部门的数据共享与协同工作，确保管理工作的有序开展。例如，学生数据、教师资源、教学安排等各类信息可以通过大数据平台实现全面整合和实时更新，帮助管理者从全局视角掌握学校的运行情况，进而实现科学高效的管理。

（二）灵活性与创新性原则

随着教育环境和技术的发展，高职院校的教育管理需要具备足够的灵活性和创新性，以适应现代教育的变化。大数据技术为教育管理提供了动态调整的能力，学校能够根据实时数据反馈，灵活调整教学模式和管理策略。

灵活性体现在管理决策过程中应具有的适应性。学校可以根据学生的学习行为和需求变化，实时调整教学内容和资源配置。例如，当某门课程的学习难度较大、学生反馈较为集中时，管理者可以根据数据分析结果迅速作出反应，及时调整教学安排或增加教学支持。

同时，创新性原则要求高职院校积极引入创新管理方法，推动管理手段的现代化。

例如，学校可以利用大数据和人工智能技术开发智能化的教学管理系统，实现教学排课、资源调度、教师考核等环节的自动化和智能化。通过引入这些创新管理工具，学校能够大幅提升管理效率，同时为学生和教师提供更加灵活和高效的教育环境。

（三）公平性与个性化管理

高职院校的教育管理工作必须兼顾公平性与个性化。大数据技术的应用使得这一原则得以更好地实现。通过对学生数据的分析，学校可以推动教育资源的公平分配，同时根据学生的个体差异提供个性化服务。

公平性原则要求学校在资源配置、教学支持等方面确保每个学生都能平等获得学习和发展的机会。大数据技术能够帮助管理者更加精准地监测各类教育资源的分配情况。例如，学校可以通过大数据平台分析教室使用情况、教师授课时间和学生的学习资源使用情况，确保每个班级和每个学生都能获得合理的学习资源和教育机会。

另一方面，个性化管理是现代高职教育的重要目标。每个学生的学习能力、兴趣和职业发展目标都不尽相同，学校必须为不同的学生提供差异化的教育支持。学校可以全面了解每个学生的学习行为和需求，并为其制定个性化的学习方案。例如，系统可以根据学生的成绩波动、学习习惯、职业兴趣等数据，推荐合适的课程、实践项目或职业规划建议，帮助学生实现更好的个人发展。

（四）可持续发展原则

高职院校的教育管理不仅要关注当下的教学效果，更要注重学生的长期发展，通过培养学生的终身学习能力，确保他们在未来社会中的持续竞争力和发展能力。

大数据技术能够帮助学校跟踪学生的长期学习轨迹，分析他们的学习进展和能力提升情况，从而制定符合长期发展目标的教育管理策略。例如，学校可以通过大数据分析学生的知识掌握程度和技能发展情况，为他们提供持续学习的资源和建议，帮助他们适应未来职场的不断变化和挑战。

可持续发展原则还要求学校的教育管理具备前瞻性，能够根据社会发展趋势调整教育内容和管理方式。通过大数据分析行业发展动态和市场需求变化，学校可以及时更新专业设置和课程安排，确保教学内容与未来的职业需求相契合，帮助学生掌握持续学习和职业发展的能力。

总之，高职院校教育管理的基本原则包括科学性与系统性、灵活性与创新性、公平性与个性化管理以及可持续发展。这些原则在大数据技术的支持下得到了进一步深化和强化，帮助高职院校实现更加精准、高效和智能化的管理，从而为学生提供更优质的教育服务，并促进其长期发展和成功。

三、大数据时代下的教育管理变革

（一）数据驱动决策管理

在大数据时代，教育管理变革的核心之一是数据驱动的决策管理。传统的高职院校管理依赖于管理者的经验和主观判断，决策往往缺乏足够的科学依据，且调整措施的效果无法迅速评估。而大数据技术的引入，为教育管理层提供了强大的数据分析工具，使得决策过程更加科学、精准和高效，有效减少了管理中的不确定性，并为学校在复杂的教育环境中提供了有力的支持。

学校管理者能够对大量的学生学习数据、教学效果数据和教育资源使用数据进行系统性分析，从中提取关键信息和趋势，辅助管理层作出更为精准的决策。例如，管理者可以分析学生在不同学科的选课行为、学习成绩、课后反馈等，了解哪些课程能够满足学生的需求，哪些课程需要进一步优化或调整。对于那些长期选修率低、成绩表现差的课程，管理者可以借助数据分析找出具体的原因，如课程内容难度过大、授课方式不适合学生、教学资源不足等，并据此进行课程设计和教学模式的优化，确保课程的设置更加符合学生的兴趣和市场的需求。

在学生管理方面，大数据技术同样提供了极大的助力。通过分析学生的学习轨迹、出勤率、行为数据等多维度信息，学校可以全面掌握每个学生的学习状态。学生的学习轨迹数据能够显示出他们的学习态度、学习习惯以及在课程中的表现趋势。例如，系统可以根据学生作业提交的及时性、课堂互动参与度、在线学习时间等数据，预测哪些学生可能面临学习困难，进而发出预警。这种基于数据的预测可以帮助学校提前采取干预措施，如安排个性化辅导、心理咨询或制定学习计划，帮助学生克服学业难题，避免他们因跟不上课程进度而产生学习压力或失去学习兴趣。

此外，数据驱动决策管理还能够提升学校管理的时效性。传统的教育管理决策常常存在滞后性，学校需要依赖期末反馈或学期末的总结来了解教学中的问题，这样的时滞可能导致一些问题无法得到及时处理。而大数据技术的优势在于，它能够实时分析学校的各类数据，帮助管理者快速发现问题并做出反应。例如，系统可以实时监测各门课程的通过率变化，一旦某一门课程的通过率出现异常下降，系统便能自动发出预警信号，提醒管理者可能存在教学或学习方面的问题。管理者可以立即根据数据进行深入分析，发现问题的根源，并及时采取有效的措施，如调整教学策略、提供额外的辅导资源，甚至重新评估课程内容的难度。这种及时的反应，不仅可以防止问题进一步扩大，还能帮助学生更早地获得教学支持，保证他们的学习进度不受影响。

大数据驱动的决策管理不仅提升了教育管理的时效性，还增强了教育管理的前瞻性和预见性。通过对历史数据的积累和分析，学校能够更加准确地预测未来可能面临的问题和机会。例如，学校可以通过多年来的招生数据、课程选修率、学生就业趋势等信息，预测某些专业的未来发展潜力，并据此调整招生计划或设置新课程。对于就业前景较好的领域，学校可以加大该专业的招生名额，并增加相关课程；对于就业市场饱和的领域，学校可以减少招生人数，优化课程内容以提高学生的就业竞争力。

大数据技术还能够帮助学校优化教育资源的分配。通过对课堂容量、教师资源、教学设备使用情况的实时监控，管理者可以更加合理地分配校内资源。例如，系统可以分析某些教室的使用频率和教师的工作负荷，提前预测到哪些资源可能面临超负荷运转，哪些资源存在闲置问题。学校可以对教室的使用进行调整，优化课程安排，避免教室被长期闲置或过度使用。同时，教师的工作量也能得到合理分配，避免教师因负担过重而影响教学质量。大数据的这种分析能力不仅提高了资源利用效率，还显著降低了学校的运营成本。

在学生管理决策中，数据驱动的管理能够确保学校针对不同学生采取个性化的支持措施。例如，学生的学业成绩、社交行为、参与校园活动的频率等数据，能够帮助学校判断哪些学生需要更多的学术或心理支持。通过精准的干预措施，学校能够帮助这些学生更好地融入校园生活，提升他们的学习体验和综合素质。这种个性化的管理方式，不仅提升了学生的满意度，还提高了学校的整体教育质量。

总的来说，数据驱动的决策管理为高职院校的教育管理带来了巨大的革新。大数据技术的应用，不仅提升了决策的科学性和精准性，还为学校管理提供了实时、前瞻的支持。通过对大量数据的分析，学校管理者能够更好地识别潜在问题、把握发展趋势，做出更加符合实际需求的决策，从而有效提升学校的管理水平和教育质量。在未来，随着大数据技术的进一步发展，数据驱动的管理模式将继续推动高职院校的管理变革，使教育决策更加科学、敏捷和高效。

（二）信息化与智能化教育管理模式

大数据技术与信息技术的结合，使得高职院校的教育管理模式从传统的手工管理逐步向信息化与智能化转变。通过引入智能管理系统，学校可以实现管理流程的自动化和智能化，大幅提高管理效率和精准度。

在智能化管理模式下，学校可以利用大数据和信息技术实现智能排课系统、教学过程监控系统和学生信息管理系统。例如，智能排课系统通过分析教师的授课时间、教室使用情况、学生选课需求等多种数据，自动生成最优的排课方案，避免资源冲突和时间浪费。[①] 教学过程监控系统可以实时跟踪教师的授课情况和学生的课堂参与度，确保教学活动的有效性和高质量。学生信息管理系统则可以通过整合学生的学习数据、行为数据、健康数据等，为学校提供全面的学生信息，支持个性化管理。

信息化与智能化管理模式还体现在资源的动态分配上。通过实时监控各类资源的使用情况，如教室、实验设备、图书馆等，学校可以根据实际需求进行智能调度，确保资源的高效利用。例如，当某些实验室被闲置或使用率较低时，系统可以建议将其调整到需要更多资源的课程中。

总体而言，信息化与智能化教育管理模式不仅大幅提高了管理的效率，还增强了管理的灵活性和适应性，帮助学校在复杂多变的教育环境中保持高效运转。

（三）从经验管理向数据管理的转变

大数据时代下的教育管理变革还包括从传统的经验管理向数据管理的转变。传统的高职院校管理往往依赖于管理者的个人经验和直觉，虽然在某些情况下有效，但在面对日益复杂的教育环境时，其局限性日益显现。大数据技术的引入，使得学校能够依赖数据进行管理决策，确保决策的客观性和科学性。

通过数据管理，学校可以更全面地掌握教育管理中的各项信息，并将其转化为决策依据。例如，教师的教学效果可以通过学生的成绩、课堂参与度和学习反馈等数据

---

① 本刊编辑部. 数字技术重塑教育形态的“新”与“变”[J]. 教育家，2024（36）.

进行量化分析，管理者不再依赖主观评价，而是通过数据分析结果来评估教师的工作表现。类似地，学生的学习行为也可以通过数据跟踪和分析，从多个维度评估其学习效果，发现潜在的问题，并进行针对性的干预。

这种基于数据的管理模式可以大幅提升管理决策的准确性。例如，在资源配置上，数据分析可以帮助学校合理分配教师资源和教学设备，避免过度使用；在课程设计上，数据分析能够提供关于学生需求、市场趋势和就业反馈的科学依据，确保课程设置的合理性和实用性。

从经验管理向数据管理的转变，帮助高职院校摆脱了以往依赖主观经验和传统模式的局限性，确保决策基于客观数据和科学分析，提升了管理的科学性、透明性和可预测性。

大数据时代为高职院校的教育管理带来了深刻的变革，从数据驱动的决策管理、信息化与智能化管理模式的引入，到从经验管理向数据管理的转变，学校的管理方式正在发生根本性的变化。这些变革不仅提高了教育管理的精准性、效率和灵活性，还为教育管理的科学化和智能化发展提供了广阔的空间。在未来，大数据技术将继续为高职院校的管理工作注入新的动力，推动教育管理向更加高效、精准、个性化的方向发展。

四、大数据推动下的教育质量提升

（一）教学过程的实时监控与反馈

在大数据时代，高职院校能够通过数据技术实现对教学过程的实时监控与反馈。传统的教学管理通常依赖于期末评价或定期的教学评估，难以及时掌握教学过程中存在的问题。而大数据技术使得教育管理者可以实时收集和分析教学行为数据，如课堂参与度、学生出勤率、作业完成情况、师生互动等。

这种实时监控不仅让管理者能够全面了解课堂的动态，还能够通过数据反馈及时发现教学中的不足。例如，当学生的课堂参与度较低或学习进度滞后时，系统会自动提示教师和管理者作出相应的调整。学校可以根据这些数据及时优化教学内容、教学进度或授课方式，以更好地满足学生的需求。

此外，教学过程的实时监控还为教师提供了反馈通道，帮助他们根据学生的实时反馈调整教学策略。大数据技术不仅可以为教师的授课效果提供量化依据，还能通过对学生课堂表现和作业反馈的分析，提示教师在哪些知识点需要更多的讲解和辅助练习，从而提高教学的针对性和有效性。

（二）精准化的学生管理与评价

大数据技术的另一个重要作用是在精准化的学生管理与评价方面。传统的学生管理通常以统一的标准和有限的数据为基础，难以全面反映学生的个性化需求和发展潜力。而通过大数据的深度分析，学校能够全面掌握每个学生的学习进度、学习习惯、成绩变化以及个性化需求，从而制定更加精准的管理和评价方案。

通过对学生学习行为的数据分析，学校可以为每个学生制定个性化的学习方案。例如，对于成绩优异的学生，系统可以根据其学习轨迹推荐更具挑战性的课程或实践项目；对于学业表现不佳的学生，系统可以生成个性化的辅导计划，帮助他们逐步提升学业成绩。此外，大数据还可以通过对学生的职业兴趣和行业发展趋势的分析，为他们提供个性化的职业规划建议，帮助学生在校期间更好地准备未来的就业和职业发展。

精准化的学生管理与评价还体现在对学生的全方位评估上。通过大数据的多维度分析，学校不仅可以评估学生的学习成绩，还能够综合考虑他们的创新能力、团队合作能力、社会参与度等因素，提供更加全面的评价体系。这种多维度的评价方式有助于学校更好地理解每个学生的个体特点，推动学生的全面发展。

（三）教师教学质量的动态评价

教师的教学质量是影响教育质量的关键因素之一。大数据技术的应用，使得学校能够通过量化数据对教师的教学效果进行动态评价，及时调整教学评估标准和教师培训内容。

通过对教师教学过程的数据收集，学校可以跟踪和分析教师在课堂上的教学行为，包括教师与学生的互动情况、授课节奏、课程内容的完成度等。这种动态评价能够为教师的教学质量提供实时反馈，帮助管理者及时了解教师的教学表现。

此外，基于学生的学习成果、课堂反馈和课程完成度等多维度数据，学校可以更加客观地评估教师的教学效果。例如，通过分析学生在某位教师课程中的成绩波动和学习反馈，学校能够判断该教师的授课方式是否有效，是否需要调整教学内容或方式。

同时，教师的教学质量评估可以不再仅仅依赖期末考试成绩，而是结合学生的整体学习进展和课堂表现，进行动态的、过程性的评估。

这种基于大数据的教师教学质量评估，不仅为教师提供了持续改进的方向，还可以帮助学校针对性地设计教师培训计划。通过数据分析，学校能够发现教师在教学过程中可能存在的薄弱环节，并提供相应的培训和支持，帮助教师提升教学能力，进一步提高整体教育质量。

大数据技术为高职院校的教育质量提升提供了强有力的支持。通过大数据实现对教学过程的实时监控与反馈，学校能够更加灵活地调整教学策略，确保教学效果的最大化。精准化的学生管理与评价体系使得学校能够为学生提供更加个性化的服务。同时，基于数据的教师教学质量动态评估，为教师提供了科学的反馈和改进建议，帮助学校持续提升教学水平。在大数据的推动下，教育管理工作变得更加科学、精准、高效，教育质量得到了显著提升。

五、大数据引领教育管理理念创新

（一）学生自主学习能力的培养

在大数据时代，高职院校的教育管理理念已经从传统的“教师主导”逐渐向“学生自主”转变。通过大数据技术的应用，学校能够为每个学生提供个性化的学习路径，帮助他们自主规划学习进度和内容，从而培养其自主学习能力。这种个性化的学习支持不仅能够激发学生的学习兴趣，还能有效提升学生的学习主动性和学习动力。

利用大数据分析，学校可以实时跟踪学生的学习进展，了解他们的学习习惯和兴趣点，并根据这些数据为学生量身定制学习计划。通过推荐符合学生学习水平和职业发展目标的课程，学生能够根据自己的需求自由选择学习内容，规划学习节奏。例如，对于表现优秀的学生，系统可以建议参加更具挑战性的课程；而对于学习困难的学生，系统会提供相应的补充学习材料或建议参加个性化辅导。

这种数据驱动的自主学习管理模式，打破了传统教学中统一进度的限制，让每个学生都能够按照自己的节奏学习，逐渐培养其自我管理能力和学习规划能力。这不仅有助于学生在校期间的学业提升，也为他们未来的职业发展打下坚实的基础，使其能够适应不断变化的社会和工作环境，具备终身学习的能力。

（二）社会需求导向的职业教育

在高职院校中，职业教育与市场需求的紧密结合至关重要。大数据技术为教育管理者提供了分析社会需求和行业趋势的强大工具，帮助学校及时调整专业设置和课程安排，以适应社会和企业的需求。通过大数据分析社会和行业的发展趋势，学校能够识别出哪些技能和知识在未来几年内将会成为行业中的热门需求，进而调整教学内容，确保毕业生具备适应市场的能力。

例如，学校可以通过大数据分析毕业生的就业去向、岗位需求变化、企业对人才的反馈等信息，准确判断当前和未来的行业需求。如果某些专业的就业率较低或企业反馈与专业技能不匹配，学校可以根据这些数据及时调整专业课程，增强实践课程的比例或增加新兴技术的教学内容，确保学生毕业后能够顺利进入职场并具备相应的竞争力。

此外，学校还可以通过大数据技术对企业的招聘信息、行业发展报告进行深入分析，了解社会需求的变化趋势，并与企业建立长期合作机制，定期更新课程内容，以保持职业教育的市场导向性。这种社会需求导向的职业教育不仅确保了学生的就业前景，也为社会和企业输送了更加符合需求的高素质人才，提升了学校的社会声誉和影响力。

（三）教育管理者的数据素养提升

大数据技术的应用不仅改变了教育管理的方式，也对教育管理者提出了新的能力要求。要在大数据时代有效推动教育管理的转型升级，教育管理者必须具备分析和应用大数据的能力，即数据素养。

数据素养指的是教育管理者理解、分析和使用数据的能力，它包括收集数据、解读数据、进行数据分析并将分析结果应用于实际管理工作的能力。在大数据时代，教育管理者必须能够利用数据分析工具对教学效果、学生表现、教师工作状态等进行科学评估，从而做出数据驱动的决策。例如，管理者可以通过分析学生的学习轨迹数据，了解教学策略是否有效，学生是否在某些课程上存在困难，进而及时调整管理和教学计划。

为了提升数据素养，教育管理者需要接受系统性的大数据培训，学习如何使用现代数据分析工具（如数据可视化工具、统计分析软件等），以及如何将数据分析结果转化为实际的管理行动。通过提升数据素养，管理者不仅能够更加有效地利用大数据技术提升管理效率，还能够推动教育管理理念的全面创新，实现从经验管理向科学管理的转变。

此外，教育管理者还需要具备引领数据文化的能力，推动学校内各部门将数据作为管理决策的重要依据，确保数据驱动的管理模式得到全面实施。数据素养的提升将使管理者更加敏锐地把握教育中的各类趋势和问题，从而在竞争日益激烈的教育领域中保持优势。

大数据技术为高职院校教育管理理念的创新提供了全新的视角和工具。通过大数据技术，学校可以为学生提供个性化的学习路径，培养学生的自主学习能力，推动其全面发展。同时，基于大数据的社会需求分析，学校能够精准优化专业设置和课程安排，确保职业教育与市场需求紧密结合，提升学生的就业竞争力。最为关键的是，教育管理者需要不断提升自身的数据素养，才能有效地推动学校管理工作的转型与升级，使大数据时代下的教育管理更加精准、科学、高效。

第三章　高职院校教育管理的现状

在大数据时代的背景下，高职院校的教育管理工作正在经历深刻的变革，但与此同时，也面临诸多挑战与现实问题。目前，高职院校的管理方式依然以传统经验为主，决策过程往往依赖于管理者的主观判断和固定的管理模式，难以快速适应不断变化的教育需求。尽管信息化手段逐渐被引入，但在资源配置、教学评估和学生管理等方面，数据的应用尚不够深入，未能充分利用大数据的优势来实现精准化、智能化管理。

第一节　教育管理的组织结构

一、高职院校教育管理的基本架构

（一）学校领导层

在高职院校的教育管理架构中，学校领导层是学校运作的核心决策机构，负责制定和实施学校的总体战略规划及行政事务的重大决策。领导层由校长、党委书记及其管理团队组成，承担着统筹学校发展方向、人才培养模式、教学科研规划等重要职责。

校长是学校的法定代表人，负责全校的行政管理事务，确保学校的战略目标得以实现；党委书记则肩负着党的建设和思想政治工作的责任，确保学校的办学方向符合国家的教育政策和政治要求。领导团队成员通常包括副校长和其他高层管理人员，他们分别负责不同领域的工作，如教学、科研、学生管理等。

在大数据时代，学校领导层需要依托数据驱动的管理方式，通过对教学、科研、学生发展等领域的深入数据分析，做出科学、精准的决策。大数据技术为领导层提供了全面的学校运作数据支持，如教学效果评估、学生满意度分析、财务健康状况等，帮助领导层更好地掌握学校的整体运行状况，制定符合学校长远发展的战略规划。

（二）教学管理部门

教学管理部门是高职院校中专门负责教学事务的关键部门，主要包括教务处、科研处等。教务处作为教学管理的核心机构，承担着制订教学计划、安排课程设置、监督教学质量、评估教学效果等重要职责。科研处则负责学校的科研管理，促进科研项目的开展和学术成果的转化。

在大数据时代，教学管理部门通过数据技术能够更科学地进行教学安排和管理。例如，教务处可以通过分析学生的选课数据、课程反馈数据等，合理调整课程结构，优化教学资源分配。数据分析还可以帮助学校识别教学中的薄弱环节，发现学生普遍存在的学习困难点，进而通过调整教学计划或改变教学方式来提高教学效果。

此外，科研处可以借助大数据分析科研项目的进展情况，追踪科研成果的应用效果和市场需求，及时调整科研方向，确保科研工作与产业发展需求紧密结合。大数据技术使教学管理更加智能化、精细化，提升了教学质量和科研产出。

（三）学生管理部门

学生管理部门是高职院校中负责学生日常管理、思想政治教育和活动组织的部门，主要包括学生处、团委等。学生处负责学生的日常事务管理，如学籍管理、奖学金评定、学生行为规范管理等，而团委则专注于思想教育、校园文化建设和学生课外活动的组织。

在大数据时代，学生管理部门的工作方式也发生了深刻变革。通过大数据技术，学生管理部门可以实时获取学生的学习行为、生活习惯、思想动态等信息，帮助学校管理者更加精确地掌握学生的需求和发展状态。例如，学生处可以通过数据分析发现学生在学习和生活中遇到的困难，及时进行干预，提供个性化的帮助和支持。

团委则可以通过数据了解学生的兴趣爱好和思想动态，组织更加符合学生需求的课外活动和思想教育工作，增强学生的参与感和认同感。此外，大数据技术还可以帮助学校监测学生的心理健康状况，及时发现心理问题并提供相应的支持，保障学生的健康成长。

（四）后勤与行政管理部门

后勤与行政管理部门是确保学校正常运转的重要保障部门，主要包括后勤处、财务处等。后勤处负责学校基础设施的建设和维护，确保校内设施正常运作，提供优质的后勤服务；财务处则负责学校资金运作、预算管理、资源分配等财务事务。

在大数据时代，后勤与行政管理的工作效率和精确度大幅提升。后勤处可以通过大数据技术实时监控校园的基础设施，如供水、供电、安保系统等，发现问题后及时处理，确保校园生活环境的安全和舒适。通过分析后勤管理数据，学校还可以优化资源调度，减少浪费，提高资源利用率。

财务处通过大数据技术可以实现精准的财务管理，如通过对历史数据的分析预测未来的资金需求，优化资源分配，确保资金运作的安全性和高效性。此外，数据技术还能够帮助财务处对学校的财务健康状况进行实时监测，及时发现潜在的财务风险，制定相应的应对措施，保障学校财务管理的稳定性。

高职院校的教育管理架构由多个关键部门共同组成，每个部门在学校的管理和发展中发挥着独特的作用。在大数据时代，学校领导层、教学管理部门、学生管理部门以及后勤与行政管理部门都在借助大数据技术提升管理效率和决策精准性。通过大数据的深入应用，高职院校的教育管理变得更加智能化和科学化，为学校的长期发展和学生的全面成长提供了坚实的支持。

二、高职院校组织结构的特点

（一）多层次与多维度管理结构

高职院校的组织结构具有典型的多层次与多维度管理特征，这一特点充分体现了职业教育的特殊需求。与普通高校相比，高职院校的办学过程不仅需要注重学术发展，还要紧密结合社会和行业需求，因此其管理机构的设置相对更加复杂和多样化。这种复杂的管理结构有助于应对高职院校在培养应用型、技能型人才时所面临的多重任务。

首先，多层次的管理架构贯穿于高职院校的组织体系中。高职院校的管理架构一般涵盖多个层次，从学校领导层到中层管理部门，再到各个教学单位和辅助部门。每一个层次都承担着不同的管理职责，确保学校的各项事务能够顺利推进。在这个多层次的架构中，学校领导层负责制定学校的总体发展战略，如办学定位、人才培养模式和与行业的合作方向等；中层管理部门（如教务处、科研处、学生处等）则具体负责执行这些战略，确保教学、科研和学生管理工作有序开展。

以教务处为例，教务处主要负责教学事务的日常管理，包括课程设置、教学计划的实施、教学质量的监控等工作；科研处则负责推动学校的科研工作，与行业企业展开合作，促进产学研一体化；学生处则专注于学生事务的管理，确保学生在校期间的学习、生活、思想政治教育等工作顺利进行。各个中层管理部门之间既相互独立又紧密协作，共同保障学校的整体运营。

教学单位和辅助单位构成了高职院校管理架构的基础层。这些单位直接面向教学、科研和服务的日常需求。教学单位通常是以二级学院或系的形式存在，负责具体的教学任务实施，包括课程开设、实训项目管理、教师调度等。与此同时，图书馆、信息中心、实训基地等辅助单位则为教学和科研工作提供重要支持，如信息服务、实践设备维护和资源共享等。通过这些基础单位的工作，高职院校能够确保教学任务高效实施，科研与实训活动顺利进行，学生学习和生活条件不断优化。

其次，高职院校不仅仅依赖于多层次管理结构，还涉及多维度的管理工作。职业教育的特点决定了学校的管理涵盖多个维度，这些维度包括学术管理、学生发展、行政后勤管理、产教融合等。在各个维度内，学校管理部门既承担着各自的职能，又需要相互协调与合作，以推动学校的全面发展。

在学术管理维度，教务处和各教学单位的主要任务是确保课程设置符合行业需求，并不断优化教学质量。这涉及对课程内容的调整、教学模式的创新（如线上线下混合教学、实践教学等）以及对学生学习效果的评估。在此过程中，科研处、信息中心等单位也会提供数据和资源的支持，以确保教学活动的顺利开展。

在学生发展维度，学生处和职业发展部门的重点在于学生的思想政治教育、职业规划和就业指导。这些部门不仅关注学生在学业上的表现，还涉及学生的心理健康、思想动态以及校园生活的方方面面。通过为学生提供职业规划服务、心理辅导和校园活动等支持，学校能够帮助学生实现全面发展，并为其进入社会做好准备。

与此同时，行政后勤管理和产教融合是高职院校管理中的其他重要维度。行政后勤部门不仅负责校园基础设施的维护，还涉及资金管理、校园安全等各类支持性工作。产教融合部门则是高职院校的特色之一，负责与企业建立紧密合作关系，推动校企合作、实习实训项目、技术服务以及科研成果的转化。通过这些跨行业的合作，高职院校能够将职业教育与产业需求无缝对接，提升学生的实际操作能力和就业竞争力。

在大数据时代，这种多层次与多维度的管理结构面临新的发展机遇。大数据技术为多维度管理提供了强大的信息支撑，使得学校能够更加科学地整合资源和协调工作，进一步提升管理效率。通过数据的收集、分析和共享，学校的各个管理层次和维度之间能够更高效地进行协作。例如，教学部门可以通过大数据分析学生的学习行为，及时调整课程内容和教学策略；学生管理部门则可以根据数据预测学生的心理健康问题或就业市场变化，提前采取预防性措施。此外，学校管理者能够实时掌握教室、实验室和其他资源的使用情况，确保资源的合理配置与优化，避免资源的浪费或过度使用。

总的来说，高职院校的多层次与多维度管理结构反映了职业教育的复杂需求和独特特点。各个管理层次和维度的密切配合，保障了学校的顺利运行。随着大数据技术的引入，这一复杂的管理结构得到了进一步优化，使得学校能够更科学、高效地应对教育管理中的各种挑战，推动教育质量和管理效率的全面提升。

（二）分工明确但整合不足

在高职院校的管理组织结构中，各部门职责分工明确，但常常存在整合不足的问题，尤其是在信息共享和跨部门协作方面，容易产生“信息孤岛”现象。这种现象导致各个部门在独立运作时缺乏有效的协调机制，信息难以顺畅流通，进而影响了学校整体的管理效率和协同工作能力。

在高职院校中，分工明确的管理结构使得各部门能够清晰定位各自的职能。例如，教务处专注于制定和执行教学计划，管理课程设置、学籍档案以及教学质量监控；学生处负责学生管理、思想政治教育、心理健康服务等事务；后勤处则主要负责学校设施的维护、校园安全以及各类后勤保障工作。每个部门在其专属领域内运作，管理职责相对清晰且明确，这种分工模式有助于提高部门的专业化水平，确保每个部门能够集中精力高效完成自身的管理任务。

然而，正是由于这种相对独立的部门运作模式，导致了各部门在工作中缺乏有效的协作和信息整合。在许多情况下，部门之间的工作往往是孤立的，彼此之间缺乏足够的交流，形成了“信息孤岛”。这种现象不仅妨碍了管理信息的共享与沟通，还加大了部门之间的协调难度，导致工作重复、效率低下的情况频繁发生。

举例来说，在学生的学籍管理中，教务处负责学籍档案和课程成绩的管理，学生处则负责学生的日常管理和行为表现。然而，教务处和学生处之间的沟通和数据共享并不总是顺畅，缺乏高效的协作机制。这样一来，当某个学生因学业成绩问题需要学生处提供心理支持或生活上的辅导时，教务处和学生处可能会因无法及时共享数据而延迟干预，甚至造成信息重复传递或遗漏。这种管理上的不畅不仅影响了工作的效率，也可能对学生的学习和生活产生负面影响。

另一个常见的问题发生在后勤部门与教学部门之间的资源分配与设施使用上。后勤处负责校园设施的维护和管理，教学部门则主要负责教室、实验室等教学空间的使用安排。然而，后勤处与教学部门之间往往缺乏实时的数据对接和信息共享，导致资源调配不合理。例如，某些教学空间在特定时间段处于闲置状态，而后勤部门由于不了解教学计划安排，无法及时调配空间资源，造成了浪费。这种信息不对称的现象，不仅增加了资源的浪费和调度的复杂性，还削弱了学校在管理层面的协调性与效率。

“信息孤岛”现象对高职院校的管理效率影响尤为显著。各部门之间独立运作，数据难以互通，这意味着决策往往基于局部信息，而不是全局的、全面的数据支持。这种分散式的管理方式不仅加大了管理的复杂性，还导致了部门之间的资源浪费、工作重复和时间拖延。例如，教务处在制定教学计划时，可能不了解学生处提供的学生反馈或就业部门的数据，而这类数据对于优化课程设计和提升教学质量至关重要。同样，科研处在规划研究项目时，也可能没有及时获得后勤部门提供的场地使用信息，从而影响科研工作的顺利推进。

为了解决这些问题，大数据技术的引入为打破“信息孤岛”提供了有效的解决方案。通过建立数据共享平台和统一的管理信息系统，学校可以实现各个部门之间的信息互通和资源共享，提升协作效率。例如，教务处、学生处、科研处等部门可以通过同一个数据平台，实时共享学生学习情况、行为表现、学术成绩和科研成果等关键信息。各部门都能够在同一系统中访问和更新相关数据，避免信息的重复输入或遗漏。这种基于大数据技术的共享机制，不仅让各个部门更加透明，还能确保所有管理活动基于准确、实时的数据进行，有效提升了学校整体的管理效率。

大数据平台还能够通过智能化分析工具帮助学校识别部门间可能存在的协作障碍。例如，当教务处发现某一课程的通过率持续下降时，系统可以自动将相关信息同步给学生处，以便学生处能够针对这些学生提供心理辅导或额外的支持措施。同时，管理者也可以通过大数据平台，监控学校内各部门的工作进展，及时发现信息不对称或协调不畅的问题，提前采取相应的优化措施，确保学校管理流程的顺畅和高效。

此外，资源共享和调配的智能化也能够通过大数据实现。大数据平台可以实时跟踪和分析学校教学资源的使用情况，例如教室、实验室和教学设备的使用频率。后勤部门可以根据这些数据自动优化教学空间的分配，确保资源利用率的最大化。这种基于数据的资源调配，不仅减少了资源浪费，还提高了学校整体的运营效率。

高职院校的组织结构特点在于其多层次与多维度的管理模式，这种模式适应了职业教育的复杂性和多样性需求，确保了学校的各项事务得以顺利推进。然而，分工明确的管理模式虽然提升了各部门的专业化水平，但也容易产生信息孤岛现象，影响跨部门协作效率。大数据技术的引入为高职院校的管理整合提供了新的可能性，通过加强信息共享与资源整合，能够有效解决部门间的协调问题，提升整体管理效能。在未来，高职院校的组织结构将更加趋向于数据驱动的管理方式，确保各层次、各维度的管理工作有机结合，推动学校发展迈上新的台阶。

三、基于大数据的教育管理架构的变化

（一）数据驱动的组织调整

在大数据时代，高职院校的管理架构正经历显著的调整。随着大数据技术的应用，传统的层级式、分工明确但信息割裂的管理结构，正在向扁平化和信息化方向发展。这一变革的核心是通过大数据驱动，打破各部门之间的信息壁垒，促进数据共享和跨部门的协同管理。

传统的高职院校管理架构通常以多层级、分工明确为特点，虽然有助于明确职责分工，但同时也容易造成信息流通不畅、反应迟缓等问题。在大数据时代，通过对学校内部数据的整合分析，管理者可以实时获取有关教学、科研、学生管理、后勤保障等各类信息。这使得信息的获取和处理变得更加及时和透明，从而减少了层级之间的沟通成本，加速了决策的执行。

因此，许多高职院校开始采取更加扁平化的组织架构，简化层级管理，鼓励各部门之间的直接沟通与协作。数据的驱动使得管理者能够更加直观地看到各部门的工作成果和运行状况，从而对工作流程进行优化。这种扁平化的管理结构不仅提高了管理效率，还增强了学校的灵活性，使其能够快速应对教学、科研和学生管理等方面的新挑战。

（二）信息化管理平台的引入

基于大数据技术的管理架构变化最为显著的体现之一是信息化管理平台的引入。现代高职院校正在逐步构建统一的管理平台，将教学、科研、学生管理、后勤、财务等多种信息资源整合在一个系统内，实现跨部门的数据共享与高效决策。

信息化管理平台通过大数据技术对全校各类信息进行采集、分析和整合，打破了传统管理中部门间的数据孤岛。例如，教务处可以通过平台即时获取学生处提供的学生学籍和成绩信息，科研处可以利用平台共享的研究项目进展数据来调整科研工作计划，后勤部门则可以实时掌握校园设施的使用状况并进行优化维护。

这一平台不仅能够促进各部门的协同工作，还为管理者提供了更为全面的学校运作视角。通过数据可视化工具，管理者可以实时掌握学校各项工作的运行情况，并通过数据分析进行科学决策。例如，教务部门可以通过学生成绩、出勤率、课程评价等数据来分析课程设置的合理性，及时调整教学计划；学生管理部门则可以通过平台提供的心理健康、行为表现等数据进行精准干预，确保学生在校期间的全面发展。

此外，信息化管理平台也大幅提升了高职院校的决策效率和透明度。通过统一的数据平台，管理者能够在决策前获取全面、精准的数据信息，避免主观决策失误，确保每项决策都基于科学的数据分析结果。这样的管理方式，改变了以往经验决策的局限性，使管理更加精准、灵活，适应了快速变化的教育环境。

大数据技术的引入正推动高职院校的教育管理架构发生深刻的变化。数据驱动的组织调整推动了管理结构的扁平化和高效化，各部门之间通过数据共享和协同，极大提高了管理效率。而信息化管理平台的建设则进一步增强了管理者的决策能力，打破了信息孤岛，促进了学校整体运作的科学性和透明度。这种基于大数据的管理架构变化，不仅提高了学校的管理水平，也为高职院校在大数据时代的持续发展提供了坚实的基础。

第二节　教育管理的主要任务

一、教学管理

（一）课程设置与优化

在大数据时代，高职院校的课程设置与优化需要紧密结合市场需求、学生兴趣以及学校的教学资源。这一数据驱动的课程管理模式，使得学校能够更精准地设计和调整课程结构，确保学生不仅具备市场所需的技能和知识，还能满足个人学习兴趣和发展目标。这种模式的核心在于，通过大数据的分析与应用，学校能够实时把握行业动向和学生需求，从而在不断变化的教育环境中保持竞争力和创新力。

首先，通过大数据技术，学校可以深入分析行业发展趋势和用人市场的需求，从而准确预测未来几年内哪些专业和技能会受到企业青睐。大数据能够整合来自就业市场、行业报告、企业招聘信息等多个来源的数据，帮助学校了解哪些岗位需求正在增长，哪些领域的技能缺口较大。例如，如果数据分析显示学生对某个技术领域（如人工智能、绿色能源等）的需求大幅上升，学校可以提前调整课程设置，增加与该领域相关的课程内容或实践项目，确保学生具备未来市场所需的专业能力。通过这种方式，学校可以主动适应行业发展，培养出更具竞争力的毕业生。

学生的选课行为和学习反馈也为课程优化提供了重要依据。学校可以通过大数据系统，分析学生的选课数据、学习成绩、考试通过率以及反馈意见，从而评估现有课程的有效性。例如，若某些课程的选修率持续较低，或该课程的学生考试通过率较低，管理者可以利用数据分析工具，探究问题背后的原因。这些原因可能包括课程内容难度过高、教学方式不适应学生需求、课堂互动不足等。通过分析这些数据，学校可以有针对性地采取调整措施，如降低课程难度、增加实践环节或采用更灵活的教学方式（如翻转课堂、线上线下混合教学等），以提升课程的吸引力和教学效果。

学生满意度是衡量课程设置是否成功的重要指标之一。大数据能够通过收集学生在课程中的学习行为数据，如课堂参与度、在线学习时长、作业完成情况、测验成绩等，帮助管理者全面了解学生对课程的反馈。如果数据表明某门课程的学生满意度较低，学校管理者可以通过调查问卷、课程讨论和行为数据分析等手段，进一步挖掘背后的原因。例如，若学生普遍反映课堂内容难以理解或教学方式枯燥乏味，学校可以及时对该课程进行优化调整，包括改进教学内容的结构、引入更多实践操作，或增加师生互动的机会，提升教学质量。

动态调整课程计划是大数据在课程管理中的另一大优势。在传统的课程管理模式中，课程设计和更新通常依赖于长期的反馈积累，反应较为迟缓，往往难以快速适应市场需求的变化。而大数据技术能够实现对学生学习行为的实时监控，使得学校可以更加灵活地调整课程计划。例如，学校可以根据学生在课程中的在线学习时长、测验成绩和作业完成率，识别出某些学生在特定知识点上的学习困难。针对这些问题，学校可以在下一学期的课程设计中加入更多的补充材料或实践任务，以帮助学生更好地掌握相关知识点。同时，学校还可以通过定期分析各专业课程的表现，对那些表现优异的课程进行扩展，或者将一些课程的先进教学模式推广到其他课程中，以提升整体教学效果。

此外，大数据技术还可以帮助学校根据不同学生的兴趣和能力，设计个性化的学习路径。每个学生的学习习惯、兴趣点和职业目标各不相同，而传统的课程设置模式往往难以满足所有学生的个性化需求。通过分析学生的选课记录、成绩变化、课后反馈等数据，学校可以为不同的学生推荐个性化的课程组合。例如，某些学生可能在信息技术类课程中表现出色，学校可以为这些学生推荐更多高级别的IT课程，甚至安排他们参与实际项目和企业实习；而对于那些在某些基础课程上有困难的学生，学校可以提供额外的辅导资源或设置更适合他们的学习进度的课程。通过这种基于数据的个性化课程设置，学生可以在适合自己的学习路径上最大限度地发挥潜能。

大数据还可以支持学校更好地进行跨学科课程的开发和课程模块化设计。高职院校培养应用型人才的一个重要方向是跨学科和多技能的整合能力。例如，在智能制造领域，既需要学生具备机械制造的基础知识，又要求其掌握信息技术、自动化控制等新兴技术。通过大数据分析，学校可以了解跨领域技能的市场需求，并根据这些需求设计跨学科的课程模块。这种模块化课程设计可以让学生根据自己的兴趣和职业规划，自由组合不同学科的知识，形成符合个人职业发展的学习路径，增强其在就业市场中的竞争力。

总的来说，数据驱动的课程设置与优化为高职院校提供了一个全新的管理模式，通过深入分析市场需求、学生学习行为和教学反馈，学校能够更快、更精准地调整课程结构，确保教学内容紧跟市场发展，满足学生个性化的学习需求。大数据技术的应用不仅提高了课程设置的科学性和灵活性，还促进了学校整体教育质量的提升，使得高职院校在培养应用型人才的过程中更加具有竞争力和前瞻性。

（二）教学质量监控与评估

教学质量监控与评估是高职院校教学管理中的核心环节，而在大数据技术的支持下，教学质量的管理变得更加精准、动态和高效。通过对教学过程中的各项数据进行实时采集与分析，学校管理者能够全面了解教学的实际效果，并基于数据反馈不断改进教学方法和课程内容，从而有效提升整体教学质量。

首先，通过构建教学数据监控平台，学校可以实时跟踪课堂教学情况、学生学习行为以及考试成绩等多维度数据。这种数据监控可以涵盖从课堂到课外的各个环节。

例如，课堂上学生的参与度，包括提问次数、课堂讨论的积极性、互动表现等，都可以作为评价教学效果的重要指标。大数据技术能够分析这些行为模式，并为管理者提供具体的反馈。如果某门课程的课堂互动较少，或者大部分学生参与度不高，系统可以发出预警信号，提醒学校对该课程进行进一步审查和调整。

作业提交情况也是评估教学质量的重要因素之一。通过实时监控学生的作业完成率、提交时间和质量，学校可以评估学生对课程内容的掌握情况。大数据技术可以分析作业提交的规律性，比如哪些学生经常拖延提交作业，哪些学生在作业质量上有明显的进步或退步。管理者可以根据这些数据了解哪些课程或教师的作业安排效果好，哪些课程可能需要调整难度或辅导支持，以帮助学生更好地完成学习任务。

考试成绩波动则为教学质量监控提供了定量依据。通过分析学生在不同考试中的成绩变化，学校可以评估教学效果的长期表现。如果一门课程的整体考试成绩长期偏低，或者考试通过率较低，管理者可以根据这些数据进一步分析问题出在哪里。例如，某些知识点的难度是否过高、教师的教学方式是否不适合学生，或者学生是否缺乏足够的辅导资源等。这种基于数据的深入分析使学校能够做出及时有效的教学调整，如对教师进行教学培训，或者通过教学内容的优化提升课程质量。

除了课堂内的数据监控外，学校还可以收集学生的课外学习行为，如在线学习时长、课后复习频率、参与课外辅导的积极性等。这些数据可以反映出学生对课程内容的兴趣程度和学习效果。例如，如果发现某些课程的学生课外学习时长明显低于其他课程，可能意味着该课程的内容对学生吸引力不足，或者授课方式不够生动。学校可以利用这些数据进行课程改进，增加更多的互动环节或采用更具吸引力的教学手段，进一步提升教学效果。

大数据技术还使得教学质量评估更加全面和科学。传统的教学评估方式往往依赖于期末考试成绩或学生的主观反馈，难以反映教学过程中的动态变化。而通过大数据技术，学校可以综合分析多种评估数据来源，如课堂反馈、测验结果、学生作业完成情况、教师评教等，为教学质量评估提供更为全面、精确的依据。

例如，学校可以通过收集和分析学生的课堂反馈意见，了解他们对教师授课风格、教学内容难度、课堂管理等方面的真实感受。再结合学生的考试成绩和作业表现，学校可以更好地判断某一教学方法或教学工具的实际效果。例如，某位教师可能采用了新的教学工具（如在线平台或翻转课堂），大数据能够帮助学校评估这种创新手段是否在提升学习效果，或者是否需要进一步优化。

此外，教学质量评估体系还可以纳入毕业生就业数据和用人单位反馈，作为长效评估的一部分。毕业生的就业率、薪资水平以及对专业技能的掌握情况都能从侧面反映学校课程设置与教学内容的有效性。通过对毕业生就业情况与他们在校学习表现的对比分析，学校可以进一步优化课程体系，确保学生在校期间获得的技能与市场需求相匹配。这种基于就业市场反馈的教学评估不仅能够帮助学校动态调整课程内容，还能增强与企业的合作。

更重要的是，在大数据的支持下，教学质量监控和评估变得更加具有前瞻性和预见性。通过对历年教学数据的积累和趋势分析，学校可以预测未来可能面临的教学挑战。例如，某些课程的考试通过率逐年下降，或者学生对某一类教学方式的满意度持续低迷，学校可以据此提前采取应对措施，如组织教学改革、引进新的教学技术或增加针对性辅导，避免问题的进一步恶化。

数据驱动的动态调整是提升教学质量的核心。在传统教学管理模式中，教学反馈和调整往往存在滞后性，而通过大数据，学校能够实现实时监控和调整。例如，若某课程的考试成绩突然下降，学校管理者可以立即通过大数据平台查看该课程的相关数据，如课堂参与度、作业完成率等，快速分析问题根源，并及时对教学策略进行调整。这种动态调整机制，不仅能够及时解决教学过程中的问题，还能提升学生的学习体验，使他们在更适应的教学环境中获得知识。

总的来说，大数据在高职院校的教学质量监控与评估中发挥了至关重要的作用。通过对课堂教学、学生行为、考试成绩等多维数据的实时分析，学校可以精准把握教学过程中存在的问题，及时调整教学方法和课程内容。同时，基于数据的综合评估体系，使得教学质量评估更加全面和科学，有助于学校稳步提升整体教学质量，为学生提供更加优质的教育体验。

（三）教师管理与发展

教师管理与发展是保障高职院校教学质量的核心工作之一。在大数据时代，教师的专业发展和绩效考核能够更加精准化和数据化，这为学校提供了客观评估教师教学效果的手段，同时也帮助教师持续进修和提升教学能力。通过数据驱动的教师管理模式，学校不仅能够跟踪教师的表现，还可以为其提供个性化的发展支持，确保教师团队不断进步，从而提升整体教学质量。

首先，通过数据分析，学校可以全面掌握教师在教学、科研和学生反馈等多个维度的表现。例如，教师的课堂教学数据能够反映出学生的参与度、课堂互动情况、作业完成率、考试成绩变化等。这些数据能够帮助管理者评估教师的教学效果。例如，若某位教师的课堂参与度较低或学生的考试成绩长期停滞不前，管理者可以通过数据分析找出问题的根源——可能是课程设计不够合理，或者教学方式不适应学生的学习需求。在这种情况下，学校可以为教师提供定向的建议，帮助其改善教学内容或调整教学方法，以提高课堂效率和学生学习效果。

除了课堂表现外，学生的满意度和反馈也是教师绩效评估的重要数据来源。通过分析学生对教师的评价和课堂反馈，学校可以更加全面地了解教师的授课效果和与学生的互动情况。学生反馈不仅可以揭示出教师在教学中的优势，也可以暴露出教学中的不足。例如，某些教师可能在专业知识讲解上十分出色，但在激发学生兴趣或课堂互动方面稍显不足。通过这些数据，管理者可以为教师量身定制培训课程，帮助其弥补短板，从而不断提升教学质量和学生的学习体验。

科研成果也是衡量教师综合能力的重要指标。通过大数据技术，学校能够实时跟踪教师在科研领域的表现，包括论文发表情况、科研项目进展、获得的科研资助等。这些数据不仅反映出教师在学术上的贡献，还能够帮助学校合理分配科研资源，激励教师积极参与科研工作。例如，某些教师在教学上表现优异，但科研成果较为有限，学校可以根据其兴趣和潜力，鼓励其参与更多的科研项目，甚至为其提供必要的支持与资源，帮助其在科研方面取得突破。

通过对教学和科研数据的综合分析，学校能够为每位教师制定个性化的发展计划。这种基于数据的管理方式，不仅帮助教师发现自己在教学或科研中的不足，还能够鼓励教师根据自身优势和兴趣进一步发展。例如，某些教师可能擅长实践教学，学校可以为其提供更多与行业企业合作的机会，参与产教融合项目；而一些教师则可能在学术研究中更有潜力，学校可以为他们提供科研培训或引导其参与更多国际交流项目。这种因材施教的教师管理模式，不仅有助于提升教师的个人能力，还能够促进整个教师团队的均衡发展。

大数据驱动的教师管理还体现在教师的长期职业发展规划上。通过对教师职业轨迹的跟踪，学校可以为教师制定更为明确的发展路径。例如，学校可以根据某位教师在教学和科研方面的表现，鼓励其承担更高层次的教学任务或参与跨学科的合作研究项目；同时，通过数据分析，学校可以识别出潜在的学术带头人或教学骨干，为其提供更多的管理或领导岗位，帮助其在教学管理中发挥更大的作用。这种动态化的管理方式，能够激发教师的潜能，推动其在职业生涯中不断进步。

此外，教师培训和进修也是大数据技术可以推动的一个重要领域。通过分析教师的课堂数据、科研成果以及学生反馈，学校可以识别出需要进一步培训的教师，并根据其具体需求提供针对性的培训课程。例如，某些教师可能需要提高其在信息化教学方面的技能，学校可以为其安排相关的技术培训；而对于那些科研能力较弱的教师，学校则可以提供科研方法培训或为其创造更多的科研合作机会。通过这种数据驱动的培训和进修计划，教师能够更加有针对性地提升自身能力，从而更好地服务于教学和科研工作。

总的来说，大数据技术在教师管理与发展中的应用，使得教师的绩效评估、科研成果跟踪以及职业发展规划变得更加数据化和科学化。通过对教师教学表现、科研活动、学生反馈等多维数据的分析，学校能够更加精准地评估教师的整体表现，并根据这些数据为教师提供个性化的发展支持。这不仅有助于教师的个人成长，也为提升学校的整体教学质量提供了强有力的保障。

在大数据时代，高职院校的教学管理正朝着数据化、精准化和动态化的方向发展。[①] 通过数据分析，学校可以根据市场需求和学生反馈进行课程设置的优化，确保课程结构与社会需求相适应。同时，教学质量监控与评估工作通过大数据技术变得更加科学，帮助学校实时调整教学内容和方法，提升教学效果。此外，教师的管理与发展也依赖于大数据分析，学校可以根据教师的教学效果、科研成果和学生评价，制定个性化的发展计划，推动教师的持续进修与成长。这些基于大数据的教学管理变革，有助于高职院校提高教育质量，提升学生的学习体验和就业竞争力。

二、学生管理

（一）招生与就业数据分析

在大数据时代，高职院校的招生与就业管理工作发生了显著变化。通过大数据技术，学校可以收集并分析历年招生数据和毕业生就业情况，从而优化招生策略并为未来的招生和课程设置提供科学依据。

首先，大数据分析可以帮助学校了解不同地区、不同背景的学生来源及其对学校

① 吴晓威，陈旭远．“大数据”理念的教育应用与中国教育改革——从数据分类到证据转化的机遇识别［J］．内蒙古社会科学，2014（6）：4.

专业设置的选择倾向。通过分析历年招生数据，学校能够识别出哪些地区的生源质量较高，哪些专业更受考生青睐，进而优化招生宣传的重点区域和专业方向。此外，学校还可以通过就业数据分析毕业生的就业去向、行业发展趋势及薪资情况，了解哪些专业的毕业生就业前景良好，哪些技能在市场上需求较大。

这些数据不仅为未来的招生计划提供了有力支持，还能帮助学校调整课程设置和教学内容，确保所开设的专业能够满足社会和企业的需求。例如，某些专业的毕业生就业率和薪资水平较低，学校可以通过数据分析找出原因，及时调整课程结构或加强实践教学，提升该专业学生的就业竞争力。通过大数据分析，学校能够实现精准招生和高效就业跟踪，提升整体办学效益。

（二）学业进度与行为跟踪

在学生管理方面，大数据技术为学业进度与行为跟踪提供了强大的支持。学校可以通过大数据平台实时监控学生的学习行为、出勤情况和学业表现，及时识别可能存在学业困难或行为异常的学生，并提供相应的支持和干预。

例如，学校可以通过系统监控学生的出勤率、课堂参与度、作业完成情况以及考试成绩等多维度数据。对于出勤率低、成绩下滑的学生，系统可以自动发出预警，通知教师和学生管理人员介入，了解学生是否遇到学习或生活困难，并及时提供辅导和帮助。

行为轨迹的跟踪还可以帮助学校识别学生在学习过程中的行为模式，如在线学习时长、图书馆使用频率、与教师互动的频率等。这些数据可以反映出学生的学习投入程度和学习习惯，从而为学校提供更具针对性的管理策略。通过大数据的实时跟踪，学校能够有效掌握学生的学业进展，及时采取干预措施，防止学生因学业压力或生活问题而掉队。

（三）个性化发展与管理

大数据技术不仅能为学校提供整体的学生管理支持，还能通过深入分析学生的学习习惯、兴趣爱好和能力特长，实现个性化发展与管理。

每个学生的学习路径和成长需求各不相同，传统的统一管理模式难以满足学生的个性化需求。通过大数据分析，学校可以为每个学生建立个人学习档案，全面了解其学业表现、兴趣倾向、职业目标等关键信息。基于这些数据，学校能够为学生定制个性化的学习计划和发展路径。例如，对于学业优秀且对某一特定领域有强烈兴趣的学生，学校可以推荐相应的进阶课程或实践机会，帮助他们更好地发挥特长；对于学习有困难的学生，学校可以制定有针对性的辅导计划，如增加课后辅导、提供学习资源等。

此外，数据分析还可以揭示出学生的职业倾向和能力特长，学校可以根据这些信息为学生提供个性化的职业发展建议。通过分析学生的学习数据和行业需求数据，学校能够帮助学生更好地规划未来的职业道路，推荐符合他们兴趣和能力的实习机会或职业培训课程，提升他们的就业竞争力。

这种数据驱动的个性化管理模式，不仅能够满足学生的个体需求，还能提升学生的学习体验和成就感，使得每位学生都能够在校期间得到充分的发展。

大数据技术在高职院校的学生管理工作中发挥了重要作用。通过对招生与就业数据的分析，学校可以优化招生策略和课程设置，确保学生培养与市场需求相匹配；通过学业进度与行为的实时跟踪，学校能够及时发现并干预学业困难的学生，确保学生的顺利发展；通过个性化发展与管理，学校可以根据学生的学习特点、兴趣和能力，为每个学生量身定制学习和职业发展计划，推动学生的全面成长。这种基于大数据的学生管理模式，使得高职院校能够更加精准、有效地管理学生，提升教育质量和学生满意度。

三、教育资源管理

（一）教育资源的合理配置

在大数据时代，高职院校的教育资源管理需要更加注重资源的合理配置，以提高资源利用率并减少浪费。通过大数据技术，学校能够实时监控教室、实验室、图书馆等设施的使用情况，依据这些数据动态调整资源分配，确保资源得到最优化的使用。

利用大数据监控技术，学校可以详细追踪各类教学设施的使用频率和时段。例如，教室的占用情况、实验室的使用频次、教学设备的需求等都可以通过数据进行记录和分析。基于这些数据，学校能够合理安排课程时间表，避免教室和实验室的资源被闲置或过度使用。例如，如果某些实验室的使用率长期偏低，学校可以根据数据分析调整课程安排，或者重新规划实验资源的使用，以提高资源的利用效率。此外，学校还可以根据学生的选课情况和教师的需求，及时扩充教学资源，如增加教室、引进新设备或扩大实验场地，确保教育资源的供给能够满足实际教学需求。

大数据技术的应用使得资源管理变得更加灵活和智能化，学校不再依赖于固定的调度模式，而是能够依据实际需求动态调整资源分配，降低资源浪费，提升整体教学效果。这种基于数据的合理配置，不仅能够提高学校资源的利用率，还能显著优化教育资源的分配效率，确保每个学生都能享受到充分的教学支持。

（二）图书、网络资源管理

在大数据技术的支持下，图书馆及电子资源的管理得到了显著提升。通过数据分析，学校可以深入了解学生和教师的资源使用偏好，优化图书采购和电子资源配置，提供更高质量的资源服务。

学校图书馆的资源配置不仅要满足学生的日常学习需求，还要符合专业发展的趋势。通过对学生借阅记录、数据库访问次数、电子书下载量等数据的分析，图书馆可以清楚地了解哪些类型的图书和资源受到学生欢迎，哪些资源的利用率较低。例如，如果某些领域的书籍借阅率高，学校可以根据这些数据调整采购方向，增加相关书籍的购入量；反之，对于借阅率低、需求少的书籍，学校可以减少采购，降低资源浪费。此外，学校还可以通过大数据分析了解不同专业的资源需求，确保各个专业的学生都能够获得充分的图书和电子资源支持。

在网络资源管理方面，大数据技术同样可以帮助学校优化网络教学平台、在线课程、电子数据库的资源配置。通过数据分析，学校可以了解学生在线学习的频率、访问的课程种类、网络资源的使用时长等信息，从而为学生提供更加个性化和高效的网络资源服务。学校还可以监测网络资源的使用高峰期，优化网络配置和带宽，确保在高峰时段网络流畅，提供更优质的在线学习体验。

这种基于数据的图书和网络资源管理方式，不仅提升了资源的利用率，还帮助学校更加精准地满足学生和教师的需求，确保资源的采购和配置更加符合实际情况，进而提高教育服务的整体质量。

在大数据时代，教育资源管理的效率和精准性得到了大幅提升。学校可以实时监控教育资源的合理配置，确保教室、实验室等资源得到最大化利用，减少闲置和浪费。同时，基于大数据的图书与网络资源管理，学校能够更加深入了解学生的使用偏好，优化资源采购方向，提供更加符合实际需求的图书和电子资源服务。这种数据驱动的资源管理模式，不仅提高了学校资源的利用效率，还提升了整体的教育服务质量，进一步推动了高职院校教学水平的持续进步。

四、教学与科研融合的管理

（一）科研资源配置

在大数据时代，高职院校的科研资源配置可以通过对科研数据的全面分析进行优化，确保科研经费和设备的合理分配，以最大化科研投入的效益。科研管理工作涉及大量的资源，如科研资金、设备、实验室空间、人员配置等，学校可以深入分析每个科研项目的资源消耗、成果产出等关键数据，进而进行更为精准的资源分配。

通过对科研数据的分析，学校可以识别出哪些科研项目具有较高的产出潜力，哪些科研方向需要额外的资源支持。例如，如果某些科研项目在过去几年内表现优异，产生了大量的学术论文、专利或应用成果，学校可以根据这些数据对该项目提供更多的资金支持和实验设备。相反，对于那些产出较少、进展缓慢的项目，学校可以通过数据分析发现其瓶颈，并调整资源分配策略，帮助其优化科研流程或重组研究方向。

此外，大数据还可以帮助学校实现科研设备和实验资源的共享与优化管理。通过监控科研设备的使用情况，学校可以避免重复购置，合理调度不同项目之间的资源，确保设备得到充分利用。例如，实验室的设备使用频率和预约情况可以通过数据实时反馈，管理者能够根据需求灵活调整设备的使用计划，避免闲置或冲突。

（二）科研成果的转化与应用

大数据技术在推动科研成果的转化与应用方面发挥了关键作用。高职院校的科研工作不仅要追求学术创新，还应注重科研成果的实际应用，尤其是在职业教育领域，科研成果的产业化和社会化应用直接关系到学校的竞争力和社会影响力。

通过大数据追踪科研项目的成果转化率，学校可以实时了解科研成果在市场中的应用情况。例如，学校可以通过数据分析追踪某些科研成果是否已转化为专利、技术产品或服务，了解这些成果的市场接受度和经济效益。数据还能帮助管理者发现哪些科研成果具有更高的应用潜力，并通过推动与行业和企业的合作，促进科研成果更快地转化为实际应用。这种数据驱动的科研成果转化模式不仅提升了科研工作的效率，还增强了科研对教学和产业发展的推动作用。

此外，科研成果的转化与教学的结合也是高职院校管理的重要任务之一。大数据可以帮助学校分析科研与教学的互动关系，通过追踪科研成果在课程设计中的应用情况，学校能够了解科研创新对教学内容更新和教学效果提升的贡献。例如，某些前沿的科研技术可以融入实践教学中，学生通过参与实际科研项目来提升自身的职业能力和创新意识。这种教学与科研的深度融合，既促进了学生的学习成长，又推动了科研成果的广泛传播和应用。

同时，学校还可以利用大数据平台与外部企业和行业进行合作，推动科研成果的产业化转化。例如，学校通过对企业技术需求的深入数据分析，可以有针对性地推荐校内科研成果，建立校企合作机制，实现科研与产业的无缝对接。这不仅为学校科研工作提供了丰富的实践机会，也提高了科研成果的市场价值，提升了学校的社会影响力和整体竞争力。

在大数据时代，教学与科研的融合管理为高职院校的发展提供了新的动力。通过大数据分析，学校能够更精准地进行科研资源的配置，确保科研项目的高效运行与资源利用。同时，科研成果的转化与应用依赖于数据的支持，学校可以通过数据追踪科研成果的应用情况，推动科研成果的产业化和社会化应用，提升学校的整体竞争力和社会影响力。大数据不仅帮助学校优化科研管理流程，还通过促进教学与科研的有机结合，推动学校的综合发展，为学生、教师和社会带来更大的价值。

第三节 存在的问题与挑战

一、管理系统整合不足

（一）各部门信息孤立

在大数据时代，尽管高职院校的管理工作逐渐依赖数据支持，但各部门信息孤立的问题仍然普遍存在。教学管理、学生管理、科研管理等系统往往独立运作，缺乏统一的数据集成平台，这导致数据难以顺畅流通，形成所谓的“信息孤岛”现象。信息孤岛现象不仅限制了部门间的有效协作，也严重阻碍了学校整体管理效率的提升，影响了教育资源的优化配置和管理决策的精准性。

例如，教务处、学生处、科研处等部门通常会分别拥有各自独立的管理系统，专门处理各自领域的事务[①]：教务处负责教学计划的制定与执行，学生处管理学籍信息

① 尚红伟，王伟，陈林. 学生档案集中式管理模式实证研究［J］. 中国档案，2024（2）：54-56.

和学生事务，科研处则集中处理科研项目的申报、进展和成果管理。然而，这些系统之间缺乏有效的数据联通和共享机制，使得各部门的数据相对封闭，信息流通不畅。这种分散管理模式导致信息无法在学校内部各部门之间高效共享，形成了各自为政的局面。

具体而言，教师在制定教学计划时可能需要充分了解学生的学籍信息、选课情况以及科研参与情况，以便合理安排教学内容或适当调整课程难度。但由于缺乏信息共享，教师可能无法及时获取这些关键数据，从而影响课程设计的科学性和合理性。同样，学生管理人员在处理学生事务时，也常常因为无法获取学生的科研进展、实训表现或课程成绩等信息，导致学生管理工作出现滞后。例如，如果学生在科研项目中表现出色，但学生处由于缺乏相关数据，无法及时识别并给予表彰或支持，这就可能错失对学生个性化指导的机会。此外，科研处在为教师和学生规划科研活动时，也难以实时了解他们的教学任务和学习压力，进而无法为科研安排提供科学依据。

信息的分割还导致学校的管理决策滞后，决策过程中严重依赖传统的手工方式或定期报告。这不仅使得信息传递缓慢，还增加了管理决策的风险和不确定性。比如，校领导层在讨论年度课程设置或资源分配时，若没有整合来自各个部门的全面数据，可能会忽视某些重要的动态变化。像某些课程的选课人数持续增长，而相应的教学资源或设备配备却未能及时跟进，这种情况可能因为信息孤岛现象而无法被早期发现和处理，从而导致学生体验下降、课程安排不合理等问题。

这一现象在资源分配和优化中尤为突出。由于缺乏整体数据的支持，学校在分配教室、实验室、教师资源等关键教育资源时，常常依据过去经验或不完整的数据进行判断，无法准确评估哪些课程或学生群体的需求量更大、哪些设备或场地的使用效率较低。结果，某些资源可能处于长期闲置状态，而另一些重要的教学设施却供不应求。学校在资源分配上的不平衡，严重影响了整体办学效益，并在一定程度上削弱了教育资源的利用效率。

此外，信息孤立现象还妨碍了高职院校在大数据环境下实现高效、精准管理的目标。大数据时代的优势在于通过海量数据的整合与分析，快速发现问题并优化决策。但由于各部门的数据未能整合，校方在进行大规模决策时，往往缺乏足够的全面数据支持，导致在应对复杂管理问题时难以准确判断。比如，在调整招生计划或进行学科改革时，如果缺乏对各专业的就业率、学生满意度、行业趋势等综合信息的掌握，学校可能会做出不符合实际需求的决策，从而错失改进教育质量和提高学生竞争力的机会。

大数据技术的应用本应帮助学校打破信息孤岛，实现各部门之间的信息互联互通。然而，当前高职院校在数据管理方面的不足使得这些潜在优势尚未得到充分发挥。由于系统之间的技术壁垒和数据共享机制的缺失，信息孤岛现象依然广泛存在。各部门往往将自己管理的数据视为“私有资产”，缺乏开放的数据共享文化，这进一步加剧了信息分割的状况。

综上所述，信息孤立现象是高职院校在实现高效管理中的一个严重障碍，它限制了各部门之间的有效协作，妨碍了学校整体的决策精准度和管理效率的提升。通过构建统一的数据集成平台和推动数据共享文化的形成，学校可以打破信息孤岛，实现大数据在管理中的真正价值，从而提升学校的管理水平，优化教育资源的利用，最终为提升教育质量奠定坚实基础。

（二）数据共享机制不健全

除了信息孤立问题外，高职院校在大数据时代面临的另一个关键挑战是数据共享机制不健全。各部门之间的数据共享机制尚不完善，在数据使用权、隐私保护以及共享规则等方面存在明显的不足，这直接影响了管理者在决策过程中获取全面、精准的数据支持。由于数据共享机制的缺失，学校在管理和发展中难以充分发挥大数据的优势，影响了整体管理效能和教育质量的提升。

首先，许多学校的不同部门或系统缺乏统一的数据平台，导致各部门的数据格式和结构不一致，进而使得数据难以有效共享。例如，教务处可能使用一套管理系统来处理课程安排、成绩管理和学籍档案，而科研管理部门则可能使用另一套独立的系统来管理科研项目和成果。由于两者的数据标准不统一，信息难以在部门间无缝共享，即使有共享的尝试，也会因为数据格式不兼容、字段定义不同、数据不完整等问题，导致无法有效使用或直接对接。这种技术上的不兼容性进一步加剧了信息孤立的现象，阻碍了大数据在教育管理中的应用。

此外，数据隐私和使用权的管理机制不健全也是阻碍数据共享的关键因素之一。由于担心数据被滥用或泄露，许多部门在数据的开放和共享问题上采取了保守态度。各部门往往认为数据是本部门的“资源”，而不是整个学校的“资产”，因此对数据的控制和使用持有保守立场。尤其是关于学生个人信息、成绩、科研数据等敏感数据，教育部门更倾向于严格保管，而不愿意与其他部门共享。这种保守态度的背后是缺乏明确的数据所有权和使用权的规范。数据的所有权归属不清，使用权限和边界也没有明确的法律或制度界定，导致各部门在共享数据时犹豫不决，担心出现数据泄露、滥用或管理责任模糊的问题。

这一问题尤其明显体地现在涉及学生和教师个人信息的数据共享上。例如，学生处管理着学生的个人信息、心理健康数据和学籍信息，而这些数据对于教务处、就业指导中心等其他部门来说可能是课程设置、就业规划、学业指导等决策的重要参考。然而，由于缺乏隐私保护机制，各部门在使用这些数据时可能面临隐私泄露的风险。数据隐私保护机制的缺失，使得在获取学生、教师等个人信息时，管理者往往面临法律和道德上的挑战，导致数据的使用过程复杂化，进一步加剧了部门间数据共享的困难。

数据共享机制不足对学校的管理决策有直接影响，尤其是在重要决策制定时，管理者往往只能依赖片面的数据，无法获得全方位的数据支持。例如，在制定年度招生计划或调整教学内容时，管理者需要同时考虑学生的学业表现、行业市场需求、教学资源配备等多个维度的数据。然而，缺乏统一的数据共享平台和机制，使得这些数据在决策过程中无法集成。管理者只能依赖各部门分散提供的数据，难以综合考虑各类信息，从而限制了决策的科学性和精准度。以招生为例，管理者需要了解哪些专业的就业率较高、哪些课程的教学效果较好以及哪些区域的学生对学校专业的需求最大，但由于数据的分散性和不共享，决策只能基于单一维度的信息，忽略了其他可能重要的变量。

长期而言，数据共享机制不健全还会影响学校的整体管理效率和发展质量。管理者无法通过大数据获取全面的支持，导致学校的管理和发展逐渐失去方向，难以应对日益复杂的教育市场和社会需求。缺乏全面的数据分析，学校在资源分配、教学改革、招生就业等方面的调整将变得被动，甚至错失改进和优化的机会。此外，无法充分利用数据共享，还会使学校内部形成信息“壁垒”，各部门各自为政，缺乏协同效应，难以推动全局性、战略性的发展计划。

总之，大数据时代为高职院校带来了巨大的管理优化和教育创新机遇，但目前各部门之间的数据共享机制不健全，导致学校无法在决策中充分利用大数据的优势，影响了整体管理效率。通过构建统一的数据平台、健全数据共享机制和隐私保护制度，学校能够打破数据孤立，实现跨部门的数据协同与流通，推动教育管理的智能化和高效化发展。

二、教育管理中的数据质量问题

（一）数据采集不全面或不准确

在大数据时代，教育管理越来越依赖于数据支持，然而在实际操作中，数据采集不全面或不准确的问题仍然广泛存在，这直接影响了教育管理的效果和决策的科学性。高职院校的数据采集质量不仅决定了管理的效率，还影响了学校的整体教育决策。因此，确保数据采集的全面性和准确性至关重要。

首先，数据采集过程中常常存在标准不统一的问题。不同部门使用的系统和工具可能各不相同，导致采集到的数据格式、结构和内容不一致。教务处可能使用某种管理系统来跟踪学生的课程安排、学籍档案和考试成绩，而科研管理部门则使用另一套系统记录教师的科研项目、论文发表等数据，而学生事务部门可能还会使用第三方的系统来管理学生的日常生活、心理健康或课外活动。这种各自为政的情况导致每个系统采集的数据标准不一，数据格式、字段定义和数据存储方式存在显著差异，无法在同一平台上进行整合和分析。

由于标准的不统一，当数据需要在不同部门之间共享或被集成到统一的管理系统时，数据处理的复杂性增加。例如，教务处的数据可能以表格形式记录，而科研处的数据使用更复杂的项目管理系统，两者的数据结构不兼容，导致跨部门的数据整合和分析变得异常困难。这种数据的不一致性不仅增加了数据处理和分析的难度，也限制了学校基于全面数据做出精确决策的能力。

其次，数据来源的可靠性也对数据采集的准确性构成了挑战。某些高职院校的数据采集过程缺乏严格的质量控制，导致采集到的数据可能并不真实反映实际情况。例如，学生的学习行为、课程参与情况等数据可能因为手动输入错误、系统滞后或遗漏，出现不准确或失真的问题。这种情况在需要人工输入数据的环节尤其常见，例如学生的出勤情况可能因为管理员的疏忽而漏记，或者某些学生的学习成绩在系统更新不及时的情况下未能正确录入。

此外，部分管理系统在数据采集时依赖于自动化技术，但由于技术不成熟或系统的局限性，某些数据可能没有被准确采集。例如，在线学习平台中的学习时长、参与度等数据可能因为网络延迟或系统故障而不完全记录，导致学生的在线学习表现无法得到真实反映。当学校管理者依赖这些不准确的数据进行评估和决策时，可能会产生误判，从而影响教学资源的配置、课程优化和学生支持服务的质量。数据不准确的问题还会影响学校对教学质量、学生学习进展等方面的监控，导致学校管理者无法全面掌握学生的真实学习表现和学习需求。

数据的全面性也是一个至关重要的因素。高职院校的管理工作涉及多个维度，包括教学、科研、学生管理、资源配置等。然而，某些关键数据在采集过程中经常被忽略或遗漏。例如，学生的在线学习行为、课堂参与度、心理健康状况等数据可能并没有被纳入学校的管理系统中。这类数据对全面评估学生的学习状态和生活情况至关重要，但如果没有完整采集，管理者在决策时就只能依赖于部分数据，无法获得学生的全貌信息。

举例来说，学生的课堂参与度作为评估教学效果和学生学习积极性的重要指标，往往没有被系统性地记录。如果缺乏对课堂参与情况的全面采集，管理者就无法准确判断某门课程的教学效果，也无法为教师提供改进教学的具体建议。类似地，学生的心理健康数据也常常被忽视，但在当今复杂的教育环境中，学生的心理状态对其学业表现有着深远的影响。如果学校没有将这一类数据纳入管理系统，就无法及早发现学生的心理问题，从而错失对其进行干预和支持的时机。

因此，数据采集不全面导致管理者在做出决策时往往只能依赖于部分信息，无法全面分析学校的整体运行情况和学生的各方面表现。例如，在调整课程设置或分配教学资源时，学校可能仅参考了学生的考试成绩，而忽略了他们在课堂中的实际表现或课后学习的投入。这种片面化的决策可能无法有效满足学生的真实需求，进而影响教学效果和学生的满意度。

总的来说，数据采集不全面或不准确的问题是当前高职院校教育管理中面临的重大挑战。通过建立统一的数据标准、完善数据采集流程、加强质量控制并扩展数据采集范围，学校能够确保获取到全面、准确的数据，为决策提供坚实的数据支持，从而提高教育管理的科学性和有效性。

（二）数据分析能力不足

除了数据采集问题，数据分析能力不足也是高职院校在大数据管理中面临的一个重大挑战。尽管学校拥有海量的教育数据，包括学生学习成绩、课堂参与度、出勤率、课外活动参与情况等，但如果缺乏有效的数据分析工具和专业人员，这些数据无法转化为实际的管理洞见和决策支持，最终影响教育管理的科学性和效率。

缺乏专业数据分析人员是导致数据分析能力不足的核心问题之一。大数据分析需要具备深厚的技术基础和专门的知识，如数据挖掘、统计分析、机器学习、预测建模等专业技能。然而，这些技术在传统的教育管理团队中相对稀缺。多数高职院校的管理者依赖于传统的管理经验，对于复杂的数据处理和深度分析的需求了解不足，无法充分运用数据支持决策。例如，学生成绩数据、教学反馈数据、出勤率等信息通常只是作为静态的展示数据，管理者在处理这些数据时只能看到表面的数字，难以深入解读数据背后的含义和趋势。这使得学校在面对数据时，缺乏足够的分析能力来进行深入的模式识别和问题预测，例如未能预测出学生未来可能出现的学习问题或课程需求。

以学生学习表现数据为例，管理者或许能够通过汇总的考试成绩和出勤数据了解某个班级的整体表现，但很难通过现有的数据分析找到导致部分学生成绩波动或课堂参与度不高的根本原因。如果没有专门的数据分析人员来处理这些复杂数据，管理者只能依靠传统的经验判断，可能错失发现问题的机会，难以及时为有需求的学生提供针对性支持。这不仅会影响学生的学习体验，也可能导致学校在教育管理上的效果不佳。

同时，数据分析工具的不足也是阻碍大数据应用和数据驱动决策的一个重要原因。许多高职院校虽然拥有现代化的管理系统，但这些系统往往仅限于基础的数据汇总和统计功能，无法提供高级的数据分析能力。例如，多数系统只能生成简单的报表或图表，而缺乏对数据的多维度分析、趋势预测、异常识别等深入分析功能。这意味着学校即使拥有大量数据，也无法通过现有工具有效分析和挖掘数据中的关键洞见。

举个例子，学校可能拥有大量关于学生学习习惯的行为数据，如在线学习时长、作业提交频率、课堂互动情况等。然而，由于缺乏高级的数据分析工具，学校无法将这些行为数据与学习成绩、心理健康等因素进行多维度的关联分析，进而无法找出学生学习困难的根源或其个性化需求。这种情况下，管理者虽然掌握了大量数据，但无从下手，数据的真正价值未能得到充分发挥。例如，一些学生可能有较高的课堂参与度，但其学术成绩却未能达到预期，缺乏分析工具使学校难以洞察这一现象背后的原因，如是否存在认知障碍、心理压力或学习策略不当等问题，进而影响到个性化支持方案的制定。

正因为缺乏专业的数据分析能力，高职院校在实际管理中往往无法真正实现数据驱动的管理决策。尽管有大量数据被收集和存储，许多学校依然停留在数据的基础使用阶段，无法将其转化为深度管理动态。例如，学校可能在进行招生计划或课程设置调整时，只能依赖于过往的经验或部分片面的数据，而非通过全面、深入的预测分析来制定科学的决策。决策的精准度和有效性因此受到影响，数据的潜力被极大浪费。

没有数据分析能力的支持，学校管理者依然只能依赖经验或直觉做决策，这种传统的管理方式在信息化和大数据时代已经显得落后。尤其是在快速变化的教育环境中，依靠片面的信息做决策可能导致学校在资源分配、课程设置和学生支持等方面出现失误。例如，缺乏数据分析支持的决策可能忽视某些潜在的学生需求，或者无法及时发现某些教学方式的不足，导致管理的整体效果受到限制。

总之，数据分析能力不足是当前高职院校实现数据化管理的一个主要障碍。通过引进和培养数据分析人才、投资现代数据分析工具以及加强跨部门数据整合与协作，学校可以大幅提升自身在大数据环境下的管理水平，充分利用数据驱动的优势来改善管理决策，提高教育质量与管理效率。

三、个性化管理难度大

（一）学生管理的精细化不足

在大数据时代，高职院校积累了大量关于学生的学习数据、行为数据和背景信息，但学生管理的精细化仍然显得不足。尽管有海量数据可供分析和使用，学校在实际管理过程中，缺乏对学生个性化需求的深入分析以及针对性的管理措施，这导致学生管理未能充分实现大数据的潜在价值。

高职院校的学生群体往往具有高度的多样性，他们来自不同的学术背景、社会环境，并且在学习能力、职业目标、兴趣爱好等方面也存在显著差异。因此，学生的管理工作应当具有灵活性和差异性，以便根据学生的个体需求提供个性化支持。然而，当前的管理工作，尽管能够通过数据收集了解学生的基本情况（如学籍信息、考试成绩、课堂参与度等），但这些数据大多仅限于常规管理决策的使用，并未深入挖掘出学生的个性化需求或潜在问题。

例如，学校或许可以掌握学生的出勤率和学习成绩，但这些表面数据往往无法反映出学生在学习过程中的具体困难或心理状态。如果仅凭这些基础数据进行管理，学校很难了解学生的学习障碍或心理困扰，从而缺乏对学生学习状态的深入理解和有效干预。例如，某些学生可能在某门课程的考试中表现不佳，但实际原因可能并不是学习能力不足，而是由于课程难度、教学方式不适合，甚至是个人心理压力过大。然而，由于缺乏对这些数据的深度分析和综合评估，学校难以及时发现这些问题，也无法采取针对性的辅导措施。

正因为管理的精细化不足，学校往往采用普适性标准来处理所有学生的管理工作，忽视了学生群体内部的差异性。这种标准化的管理方法，对于一部分学生来说可能是有效的，但对于那些需要特殊关注或个性化指导的学生，则显得不够精准。例如，学校缺乏基于其具体学习行为和背景的深度分析，无法根据其特定的学习习惯和能力制定个性化的辅导计划。部分学生可能在某些学科上表现出显著的弱势，而在其他领域却拥有极强的潜力。仅仅根据考试成绩或出勤率进行统一的管理评估，难以有效帮助这些学生提升学习成绩或激发他们的潜力。

另一方面，对于那些表现优秀的学生，学校的管理同样缺乏精细化。虽然学校可以掌握这些学生的优异表现（如高分数、积极参与课堂等），但未能基于他们的职业目标或特长制定个性化的发展路径或规划。例如，某些学生可能表现出对特定领域（如信息技术、设计等）的浓厚兴趣，或者已经在实训项目中展现出优秀的职业能力，但学校通常没有提供深入的个性化职业规划支持，也没有为他们创造更多的校企合作或实习机会。这不仅限制了优秀学生的成长空间，也影响了他们的职业发展前景。

此外，学校在数据采集和使用中往往侧重于传统的学业表现数据，而忽视了对学生心理健康和个人成长需求的关注。随着社会压力和学业竞争的增加，学生的心理健康问题日益受到关注，但学校的管理系统往往未能全面捕捉这些方面的数据。学生的心理状态、情绪变化以及与人际交往等方面的数据，虽然可以通过课外活动、咨询记录或日常行为观察进行采集，但通常没有纳入统一的管理系统中。因此，学校难以及时发现那些可能存在心理问题或压力过大的学生，无法提供适当的心理疏导和支持。

在这些背景下，学生管理的精细化不足问题，导致了学校的管理更多地依赖于广泛化的、标准化的管理模式，难以满足每个学生的个性化发展需求。这种普适性的管理方式忽略了学生群体中存在的巨大差异性，进而影响了学生的全面成长与发展。对于那些有特殊需求的学生，缺乏个性化的辅导支持会进一步加剧他们的学习困难或心理困扰；而对那些表现优秀的学生，缺乏个性化的职业规划和发展指导，则可能限制他们的潜能发挥和职业前景。

总之，学生管理的精细化不足，是当前高职院校教育管理面临的一大挑战。应用大数据技术，学校可以深入分析学生的个性化需求，制定差异化的管理措施，帮助学生在学业、心理健康和职业发展等多个方面实现全面成长。

（二）教学与管理的个性化实施困难

尽管个性化教学和管理已成为大数据时代高职院校追求的目标，但在实际的教学和管理实施过程中，个性化实施面临着技术和资源上的诸多限制，使得这一目标难以全面落实。个性化教学需要针对每个学生的独特需求进行精细化设计，而现阶段的高职院校在技术手段、师资力量、管理资源等方面的局限性，使得个性化实施过程充满挑战。

首先，个性化教学依赖于大数据分析，以提供针对每个学生的定制化学习方案。然而，当前的技术手段和资源配备，往往难以满足这种大规模的个性化需求。大数据技术确实能够通过分析学生的学习习惯、成绩波动、职业目标等数据，为学生量身定制学习计划。但即便有了这些精准的分析，学校在教学资源方面的短缺也使得个性化实施难以真正实现。具体而言，师资力量的不足是个性化教学面临的最大障碍之一。许多高职院校的教师承担了大量的教学任务，班级规模也较大，教师在日常教学中很难为每个学生提供足够的时间和精力，进行个别化的辅导和课程设计。

例如，某些学生可能在特定科目上存在明显的学习困难，教师通过数据分析已经识别出这些问题。然而，由于班级人数较多，教师需要兼顾所有学生的进度，因此难以为个别学生提供针对性的教学支持。虽然教师可能希望为有困难的学生设计差异化的教学内容或提供个性化的辅导，但时间和精力上的限制使得这种个性化支持往往难以持续和深入。这种情况特别体现在那些课程负担重、教师资源紧张的专业中，个性化教学计划虽有理论支持，但在实际操作中却面临极大困难。

其次，个性化教学的实施还需要完备的教学设施和技术支持，而这在许多高职院校中尚未充分实现。个性化学习通常需要依托先进的教学平台，如在线学习系统、智能辅导软件等，帮助学生自主学习并提供实时反馈。然而，不少高职院校的技术设施还不够完善，教学设备、平台和内容的更新速度远远落后于个性化教学的需求。此外，维护这些平台和技术也需要具备足够的技术支持人员，而学校往往在这方面的投入有限，导致技术故障或设备不足影响了个性化教学的顺利进行。

个性化管理同样面临着类似的挑战。虽然大数据可以帮助学校通过分析学生的行为数据、生活状态和心理健康状况，发现他们的具体需求，但在实际管理过程中，资源和人力的不足使得个性化管理难以全面展开。要实施真正的个性化管理，学校需要为每个学生提供个性化的服务，包括学术指导、职业规划、心理辅导等。然而，限于管理资源，高职院校难以为每个学生提供专属的导师或心理辅导员。多数情况下，学校的辅导员或导师需要负责大量学生的管理事务，难以为每个学生提供个性化的关注。

例如，尽管学校可以通过数据发现某些学生在心理健康或职业发展上存在困惑，但由于缺乏足够的心理辅导员或职业规划专家，学校难以对这些学生提供有效的个性化支持。即便学校设置了心理健康咨询服务，由于学生人数庞大，咨询师和辅导员的工作压力很大，导致很多有需求的学生得不到及时、充分的支持。这种情况在资源较为匮乏的高职院校中尤为常见，个性化管理在这些院校中往往只停留在理论层面，难以真正落地实施。

教师的工作负担也是制约个性化教学实施的重要因素之一。个性化教学需要教师为每个学生设计差异化的课程和辅导计划，这意味着教师不仅要完成日常的教学任务，还要投入大量时间进行数据分析、课程设计和学生的个别化辅导。然而，许多教师已经承担了繁重的教学和行政任务，难以有余力再投入个性化教学的实施中。教师在应对大量教学任务的同时，还要应对个性化需求，导致个性化教学很难长期坚持。这也进一步加剧了个性化教学在实际操作中的困难。

技术和资源上的不足，使得高职院校的个性化教学和管理虽然是学校发展的目标，但在现实中很难全面推广和实现。尽管学校通过数据分析能够掌握学生的不同需求，但在实施过程中，师资力量不足、教学设施不完善、教师工作负担重等一系列问题，导致个性化教学和管理在实际操作中遭遇了诸多挑战。教师难以兼顾所有学生的个体需求，管理者也无法为每个学生制定专门的管理方案，个性化管理和教学的实施因此面临重重困难。

总之，尽管高职院校在大数据时代拥有大量学生数据，能够通过分析了解学生的个性化需求，但由于技术和资源的限制，个性化教学与管理的实施仍然面临巨大挑战。只有通过加强师资队伍建设、提升技术设施和数据分析能力，学校才能真正实现个性化教学和管理的目标，提升学生的学习体验和管理水平。

四、数据安全与隐私问题

（一）学生和教师数据隐私保护

在大数据时代，教育管理工作高度依赖于对学生和教师个人数据的收集与分析。这些数据包括学生的学籍信息、成绩记录、行为习惯、心理健康数据，以及教师的教学数据、科研成果和工作表现。然而，如何平衡数据的有效使用与隐私保护，成为高职院校管理中的一大挑战。

在收集和处理学生与教师数据的过程中，学校往往需要整合来自不同系统的数据，以全面掌握学生的学习轨迹和教师的教学效果。然而，这种大规模的数据处理也带来了数据泄露和隐私侵害的风险。例如，未经授权的人员可能会获取学生的个人信息、学业表现或健康状况等敏感数据，从而侵犯学生的隐私权。同样，教师的工作表现、科研成果等数据也可能因管理不当而被泄露，影响教师的声誉和职业发展。

在数据隐私保护方面，学校面临的挑战在于如何在最大化数据价值的同时，确保个人隐私不被侵犯。隐私保护的薄弱环节可能发生在数据采集、存储、传输和共享的各个环节。如果管理不当，敏感信息可能会在数据共享过程中被不当使用或泄露，尤其是在学校与外部合作机构、企业合作进行科研或实习时，数据隐私保护的压力更大。因此，学校必须建立严格的隐私保护机制，如数据加密、匿名化处理、访问权限控制等措施，以确保学生和教师的个人数据在使用过程中得到有效保护。

（二）大数据平台的安全性

高职院校的教育管理系统中存储着海量的学生、教师和科研数据，随着大数据平台的广泛应用，学校面临着越来越严峻的网络安全风险。大数据平台如果缺乏完善的安全管理机制，不仅会导致敏感数据泄露，还可能引发系统崩溃、黑客攻击等严重后果。

首先，学校的大数据平台通常包括多个系统，如教务管理、学生管理、科研管理等。这些系统中存储的数据涵盖了学校运行的各个方面，包括学生的学业数据、教师的科研信息、学校的财务状况等。一旦这些数据遭到攻击或泄露，可能会对学校的正常运作、声誉以及学生和教师的权益造成巨大影响。例如，黑客入侵学校系统窃取学生数据，可能会导致学生身份信息被盗用、恶意使用，甚至影响学生的学业和未来发展。

此外，学校的网络安全防护能力往往不如大型企业强，许多高职院校的网络安全预算有限，技术设施不够完善，这使得其大数据平台更容易受到网络攻击的威胁。近年来，教育机构成为网络攻击的高发领域，许多黑客团体以学校系统为目标，实施勒索软件攻击或数据窃取活动。因此，如何加强大数据平台的安全性，防止外部攻击和内部数据泄露，成为高职院校教育管理中不可忽视的重要问题。

为了应对这些安全风险，学校需要建立全面的数据安全管理体系。首先，必须定期进行网络安全风险评估，发现潜在的漏洞和风险点。其次，学校需要加强大数据平台的加密措施和访问控制，确保只有经过授权的人员可以访问敏感数据。此外，学校还需要定期更新安全系统和防火墙，确保系统能够抵御最新的网络攻击手段，防止黑客通过技术漏洞入侵系统。同时，学校还应制定数据安全应急响应计划，以应对潜在的安全事件，减少数据泄露或系统瘫痪带来的损失。

数据安全与隐私保护已成为高职院校教育管理工作中的核心议题。随着数据的广泛应用，学校在收集和使用学生、教师数据时，面临着隐私泄露的风险，必须在数据使用和隐私保护之间找到平衡点。同时，学校的大数据平台安全性面临来自网络攻击和数据泄露的威胁，如何加强平台的网络安全防护，防止数据被恶意窃取或滥用，成为学校管理中的重大挑战。通过建立完善的隐私保护机制和数据安全管理体系，学校能够有效提升数据保护水平，确保在大数据时代的教育管理工作中，数据安全和隐私保护得到充分保障。

五、技术与人力资源的不足

（一）数据分析与应用人才匮乏

在大数据时代，高职院校的教育管理工作对数据分析与应用人才的需求日益增长。然而，许多高职院校正面临专业人才匮乏的问题，特别是在数据分析和技术应用领域，缺乏能够熟练掌握大数据分析、处理和管理的管理者和技术人员。这种人才短缺现象不仅制约了大数据技术在教育管理中的广泛应用，还影响了学校在决策层面利用数据驱动管理创新的能力。

首先，高职院校的教育管理人员大多具备丰富的传统管理经验，但在面对大数据技术时，往往缺乏专业的分析能力和技术背景。大数据的应用不仅仅是将数据收集、存储，还需要具备深度的数据分析能力，通过复杂的分析工具和算法，从海量数据中提取有价值的见解。这一过程不仅涉及对数据的有效采集、清洗、整合，还需要专业的技能来解读数据，发现隐藏在数据背后的趋势和模式。然而，目前很多高职院校的管理者并未接受过与大数据相关的专业培训，缺乏对数据进行深入分析的技术和经验。这导致了即使学校能够采集大量学生的学习行为数据、课堂参与度数据和考试成绩数据等，管理者也难以从中提取有意义的结论，无法根据这些数据做出精准的管理决策。

例如，学校可以利用大数据技术来跟踪学生的学习进展和行为习惯，识别学生的学习困难或优劣势，从而为其提供个性化的支持。但如果学校缺乏具备数据分析能力的管理人员，这些数据往往只能用于基础统计，难以深入挖掘，导致数据的潜力未能充分发挥。没有数据分析人才的支持，教育管理者在决策时仍然只能依赖传统经验或有限的、表面数据，无法真正利用大数据的优势来进行精确化管理。

其次，技术人员的匮乏也是阻碍大数据技术在高职院校中有效应用的另一个严重问题。大数据的全面应用不仅依赖于管理者具备数据分析的思维和能力，还需要有技术团队的支持，尤其是数据科学家、系统开发人员和数据库管理员等。大数据技术的实施和日常维护需要这些技术人才来负责系统的开发、数据的管理和技术的运维。然而，许多高职院校在这类人才的招聘和培养上投入不足，导致难以形成具备大数据应用能力的团队。

数据科学家是大数据领域的核心人才，负责设计数据模型、选择合适的算法、挖掘数据中的规律，最终为学校的教育管理提供有力的决策支持。然而，数据科学家通常具有复杂的技术背景和深厚的统计分析技能，许多高职院校难以招聘到这类高端技术人才。而系统开发人员和数据库管理员则负责构建和维护学校的管理系统，确保数据能够高效、安全地存储和访问。这些角色的缺失直接影响了学校的数据平台的构建和管理。

技术人才的匮乏不仅导致学校现有的管理系统难以实现全面的数字化转型，还让许多潜在的管理改进措施无法落地。例如，学校可能计划通过大数据系统实时监控学生的学习行为，及时发现有辍学风险的学生并提供干预措施，但由于缺乏相关技术人员，学校无法开发和运行这样的系统，数据驱动的管理构想难以真正实现。

此外，数据安全与隐私保护也是大数据应用中的一个关键挑战。随着数据的规模不断扩大，数据泄露、滥用的风险也随之增加。学校需要具备相应的技术专家来确保数据的安全性，建立健全的隐私保护机制。然而，技术人才的缺乏使得这些至关重要的保护措施无法完善，增加了数据管理中的风险和不确定性。

人才短缺不仅影响了大数据技术的应用深度，还对学校整体管理水平的提升造成了长期影响。大数据时代的到来为高职院校提供了前所未有的机遇，能够帮助学校更好地理解学生的学习需求、优化课程设置、提升教育管理效率。但由于缺乏具备大数据分析和技术应用能力的人才，学校难以在这些领域取得突破性的进展。这种局限不仅制约了学校的短期发展，也阻碍了其在长远竞争中的优势构建。

总的来说，数据分析与应用人才的匮乏是制约高职院校大数据技术应用的主要障碍之一。通过加大对现有管理者和技术人员的培训投入，吸引更多具备大数据分析技能的专业人才，高职院校可以逐步提升其教育管理的技术水平，为学校的长期发展和竞争力奠定坚实基础。

（二）技术基础设施不足

技术基础设施的不足是限制高职院校充分利用大数据技术的关键障碍之一。大数据技术依赖于强大的硬件和软件系统来进行海量数据的存储、处理和分析，但许多高职院校在数据管理平台和信息系统建设上投入有限，导致缺乏足够的技术基础设施来支持大规模数据的处理和实时分析。技术上的欠缺直接影响了学校在教育管理中应用大数据技术的深度和广度。

首先，数据存储和管理系统建设不足，使得高职院校难以有效处理和存储来自多个领域的海量数据。大数据技术要求具备高效的数据存储平台，以便收集、存储和处理来自教学、科研、学生管理等多个维度的数据。然而，许多高职院校现有的信息系统功能单一，主要用于传统的数据存储和管理，例如存储基本的学生信息、学籍档案和财务数据。这些传统系统虽然能够处理一些结构化数据，但面对复杂的、多维度的大数据时，往往缺乏灵活性和处理能力。学校现有的系统难以支持对非结构化数据（如课堂互动数据、学生行为数据、在线学习数据等）的分析和管理，这使得高职院校无法充分发挥大数据的潜力。

例如，大数据技术可以帮助学校通过分析学生的在线学习行为、课堂参与度、考试成绩等多维度数据，形成对学生学业表现的全景视图，从而为教学提供精准的改进建议。但由于缺乏先进的存储和管理系统，学校往往只能处理单一维度的数据，无法实现数据的整合与深度分析。这种技术基础设施的不足使得数据存储和管理面临瓶颈，数据的潜力无法被充分挖掘和利用。

其次，实时数据分析系统的缺失是大数据技术在教育管理中应用的另一个重大障碍。大数据时代的一个核心特征是能够实时生成和分析数据，这一点对于提升教育管理的效率至关重要。通过实时监控和分析教学过程、学生行为和科研活动，学校管理者可以快速获得反馈信息，并据此做出决策。例如，学校可以实时监测学生的出勤情况、课堂表现，及时发现有学习困难或出勤率低的学生，并在早期阶段提供支持。然而，许多高职院校的技术基础设施未能达到这一要求，缺乏能够实时采集和分析数据的系统，导致管理者不得不依赖滞后或静态的历史数据进行决策。这样的滞后性使学校在应对教育过程中的变化时反应迟缓，难以及时作出调整和改进，进而影响管理效果。

例如，在一门课结束后的学期总结时，管理者才会发现学生的出勤率、参与度或学习成绩有明显下滑，但此时再做出调整为时已晚。相比之下，实时分析系统能够及时识别问题，并为管理者提供实时预警，使学校可以快速应对学生学习中的困难或教师教学中的问题，避免管理上的滞后性。

此外，网络基础设施的薄弱也是影响数据管理平台效率和安全性的主要因素之一。许多高职院校在网络硬件设备、带宽配置、安全防护等方面的投入不足，导致数据传输效率低、网络安全风险高。这些技术上的短板直接影响了大数据应用的广度和深度。网络基础设施的薄弱不仅影响了教育管理系统的稳定性和可靠性，还使得数据处理和分析效率低下，限制了大数据的全面应用。

网络基础设施不足还容易引发数据安全风险。在大数据时代，数据安全和隐私保护至关重要。学生的学习行为、成绩、健康状况等个人信息必须受到严格保护，避免数据泄露或不当使用。然而，许多高职院校在网络安全方面的防护措施相对薄弱，缺乏先进的网络安全技术和有效的风险管控手段。弱化的网络防护增加了数据泄露的风险，同时也让学校面临网络攻击的威胁，进一步限制了大数据技术在教育管理中的广泛应用。

总而言之，技术基础设施不足是高职院校在大数据时代面临的重要挑战之一。数据存储系统的落后、实时分析能力的缺乏以及网络基础设施的薄弱，都限制了学校在教育管理中充分利用大数据技术的潜力。为解决这些问题，学校必须加大对技术基础设施的投入，升级信息系统，构建高效、安全的网络环境，确保能够支持海量数据的存储、处理和分析。只有通过提升技术基础设施，学校才能真正实现大数据技术的广泛应用，推动教育管理的创新与发展。

六、教育管理理念的滞后性

（一）传统管理模式惯性

在大数据时代，尽管技术的进步为高职院校的教育管理工作提供了新的工具和方法，但传统管理模式的惯性依然严重阻碍了大数据技术在教育管理中的应用。许多管理者习惯于依赖过去的经验和传统的管理模式，对于大数据技术的应用持观望态度，缺乏更新管理理念的主动性。

传统的管理模式强调经验和直觉，管理者通常通过个人的工作经验和对学校事务的主观判断来进行决策。这种管理方式在过去的环境中可能是有效的，但随着大数据技术的普及，依赖主观判断的决策往往无法满足现代教育管理的需求。大数据技术提供了精准的数据支持和深度分析的能力，可以帮助管理者更加科学、全面地了解学校运营、学生发展、教学质量等方面的信息。然而，一些管理者仍然依赖传统的经验决策模式，对大数据技术的实际应用心存疑虑，担心技术的复杂性或认为数据分析难以替代经验，因而对技术变革持保守态度。

这种管理理念的滞后性导致大数据在教育管理中的广泛应用进展缓慢。例如，虽然学校可能具备基础的教育信息化系统，但管理者往往仅将其用于信息录入和查询，而非用于数据分析和决策支持。管理者的这种保守心态不仅阻碍了大数据技术在学校中的落地，还影响了学校整体的管理效率和竞争力。在大数据时代，管理者的理念更新和技术接受度将直接影响学校教育管理的现代化进程。

（二）大数据素养的缺乏

在大数据技术应用日益普及的背景下，高职院校管理层和教师的大数据素养的缺乏成为一个关键问题，阻碍了数据驱动管理模式的有效实施。大数据素养不仅包括对数据分析技术的掌握，还涉及如何理解数据背后的信息、如何将数据结果转化为实际的管理决策和教学改进策略。

目前，许多高职院校的管理者和教师对大数据的理解停留在表面，缺乏对数据背后深层次价值的认识。他们往往能够获取大量的学生学习数据、教学反馈数据和科研成果数据，但由于缺乏分析能力，无法将这些数据转化为实质性的管理洞见。例如，虽然管理者可能拥有学生的学业表现、课程选择、出勤率等数据，但他们可能不知道如何通过数据分析发现学生的潜在问题，或者如何利用这些数据做出有针对性的管理调整。同样，教师虽然可以获取课堂参与度和学生反馈等数据，但如果没有数据分析的能力，他们难以根据这些数据对教学方法进行优化或改进课程设计。

数据素养的缺乏不仅限制了学校的管理决策效率，也直接影响了教学质量的提升。大数据时代的教育管理要求管理层和教师具备一定的技术能力，能够利用现代数据分析工具对海量数据进行处理和解读。然而，很多教育工作者在传统教育理念下成长，他们的职业发展轨迹中并没有涉及大数据技术的深度培训，因而缺乏必要的技能和素养。学校需要为管理者和教师提供系统性的大数据素养培训，帮助他们掌握基本的分析工具和方法，培养他们的数据思维，才能真正将数据驱动的管理和教学模式落到实处。

教育管理理念的滞后性是高职院校在大数据时代面临的重要挑战之一。许多管理者仍然依赖传统的经验管理模式，习惯于直观判断，对大数据技术的实际应用缺乏信心，导致大数据技术难以广泛应用。同时，大数据素养的缺乏使得管理层和教师难以将数据分析的结果有效应用于教育管理和教学改进中，影响了学校的管理效率和教育质量。在未来的发展中，学校需要通过理念的更新和素养的提升，推动管理者和教师积极拥抱大数据技术，为学校的管理和教学注入更多的科学性和现代化元素，才能在大数据时代提升学校的核心竞争力和教育水平。

第四章　大数据技术在高职院校教育管理中的应用

在大数据时代，教育管理的模式正经历着深刻的变革。对于高职院校而言，大数据技术的应用为教育管理提供了强有力的支持，不仅帮助学校提升教学质量，还优化了学生管理、资源配置等多个方面。大数据技术的应用使得管理者能够通过分析大量来自教学、学生行为、就业反馈等多维度数据，为教育管理提供数据驱动的决策支持，从而使决策更具科学性和精准性。

第一节　大数据与学籍信息管理

一、学籍信息管理的现状与痛点

（一）学籍信息传统管理模式

在大数据技术广泛应用之前，许多高职院校的学籍管理仍依赖传统的人工操作和分散的管理模式。传统的学籍信息管理通常采取人工录入、纸质档案保存、单一部门负责等方式。这种管理模式效率较低，且容易出现数据丢失、错漏和更新滞后等问题。

在传统模式下，学生的学籍信息往往分散在不同的系统和文件中，难以形成完整、统一的学生档案。例如，学生的学籍信息、成绩记录、学分情况等可能分别存储在不同的系统中，甚至有些数据依然依赖于纸质文件管理。这种分散化的数据管理方式不仅使得信息的管理成本较高，也导致信息的完整性和准确性难以保障。当学生的学籍信息需要更新或查询时，往往需要进行烦琐的人工核对和多部门协作，延缓了信息的处理速度，增加了管理者和教师的工作负担。

此外，学生的动态信息难以实时跟踪。由于数据更新不及时，学生在校期间的变动，如转专业、休学、复学等信息，不能快速反映到学籍档案中，影响学校管理部门对学生学业情况的准确把握。这种信息滞后的问题还可能在紧急情况下（如学生突发状况或紧急管理需求）导致学校无法及时做出响应，影响管理效率和学生的学习体验。

（二）数据整合与共享的不足

在大数据时代，高职院校的学籍管理依然面临数据整合与共享的不足这一核心问题。由于学校各部门之间的管理职责不同，如教务处负责课程安排和学籍管理，学生处负责学生行为管理和思想教育，数据管理常常是各自为政，信息孤立。

不同部门所掌握的学生信息往往不一致，且没有统一的标准和平台进行整合。例如，教务处掌握学生的课程选修、成绩和学分情况，而学生处则掌握学生的行为表现、奖惩记录和宿舍管理信息。在这些数据缺乏共享机制的情况下，信息的孤立状态严重阻碍了学校对学生的全面管理。例如，当教务处需要查看学生的行为记录来评估其学业表现时，无法直接访问学生处的数据，可能需要通过人工沟通的方式进行数据调取，这大幅增加了管理时间和工作负担。

这种数据整合与共享不足的问题还直接影响学校的决策效率。由于缺少一个统一的学籍管理平台，各部门的数据只能局限于各自的领域，学校管理者在制定全校范围的决策时难以获取全局性、实时性的数据支持。例如，在制定与学生相关的政策时，管理者可能无法充分考虑到不同学生的实际需求，导致决策的精准性不足。同时，数据的分散管理也增加了出错的可能性，不同部门在处理同一学生的学籍信息时，可能由于数据更新不同步而产生不一致的问题，影响学籍管理的准确性和有效性。

当前，高职院校的学籍信息管理在大数据时代面临着显著的挑战。传统的学籍管理模式主要依赖人工操作，数据分散且更新不及时，无法快速响应学生动态信息的变化，降低了管理效率。与此同时，数据整合与共享不足使得各部门之间的信息难以互通，信息孤立现象严重，进一步加剧了学籍管理中的问题。要解决这些痛点，高职院校需要通过大数据技术的引入，建立统一的数据管理平台，实现各部门之间的信息共享和数据整合，提升学籍管理的效率和准确性，进而推动整体教育管理水平的提升。

二、大数据技术在学籍管理中的应用

（一）学籍信息的全面数字化与统一平台管理

在大数据时代，学籍信息的全面数字化与统一平台管理成为高职院校管理工作的关键环节。大数据技术使得学校能够将学生从入学到毕业的所有信息进行全面的数字化整合，实现对学生的全生命周期管理。

学校可以将学生的基本信息、成绩记录、学分完成情况、行为记录、奖惩记录等全面数字化存储在统一的平台上。以往分散在不同部门的学籍数据，经过统一平台管理后，可以实现部门间的数据共享和互通，避免了信息孤岛的出现。无论是教务处还是学生处，所有涉及学生的信息都可以通过这个平台进行统一管理和更新，减少了数据冗余和错误的发生。

这种全面的数字化管理极大提高了学校学籍管理的效率。学校管理者可以通过一个平台查看学生的学业进展情况、学习表现和行为状况，减少了跨部门协调的时间。对学生而言，数字化学籍管理也让他们的学习流程更加透明、便捷，学生可以随时查询自己的学籍信息、课程计划、成绩报告等，确保了信息获取的及时性和准确性。这一管理方式不仅优化了学校的管理流程，还提高了学生对学校管理服务的满意度。

（二）动态更新与实时监控

大数据技术在学籍管理中的应用最显著的优势之一就是能够实现信息的动态更新与实时监控。传统的学籍信息更新存在滞后性，数据通常是定期更新，难以实时反映学生的学习进展和动态信息。学校能够实现学生信息的实时采集与更新，确保信息的准确性和实时性。

例如，学生的出勤记录、课程注册、成绩变化等数据可以通过智能化的系统自动收集和更新。这使得学校可以随时了解学生的学习状态和行为表现，发现异常情况时可以立即进行干预。例如，当学生出现多次缺勤或考试成绩明显下降时，系统能够实时生成报告并发送给相关管理人员，帮助学校及时采取措施，如通知学生参加辅导或提供心理支持。

同时，动态的学籍信息更新也有助于学校在学生的转专业、休学、复学等管理工作中做出及时调整，确保每个学生的学籍状态都能得到准确地反映。通过实时监控和动态更新，学校的管理效率得到了显著提升，学生管理工作更加精准、高效，降低了信息滞后的风险，保障了教育管理工作的顺畅运行。

（三）智能化的学籍数据分析

除了信息的数字化和实时监控，智能化的学籍数据分析也是大数据技术在学籍管理中的一大亮点。通过大数据分析，学校可以深入挖掘学生的学习数据，预测学生的学习状态，并为管理决策提供数据支持。

例如，通过分析学生的成绩趋势、课程参与度、出勤情况和行为记录等数据，学校可以准确判断学生的学习效果和状态。如果系统监测到学生成绩的波动较大或学习参与度降低，可能预示着学生在某些课程上遇到了困难。通过数据分析，学校可以提前识别出潜在的学业风险，为可能出现的学业问题提供预警机制。例如，系统可以预测某些学生有辍学风险，并自动发出警报，通知相关部门介入，对学生进行干预和辅导。

智能化的学籍数据分析还可以帮助学校优化资源配置和教学安排。通过分析学生在不同课程中的表现，学校可以调整课程的难度或教学方法，确保每个学生都能得到适合自己的学习支持。此外，基于数据分析，学校还能更好地了解学生的学习偏好、兴趣领域，从而为学生提供个性化的学习建议和职业发展路径。大数据分析不仅为学籍管理提供了更加科学的管理依据，还提升了学校的教育服务水平，促进了学生的个性化发展。

大数据技术的应用为高职院校的学籍管理带来了深刻的变革。学籍信息的全面数字化与统一平台管理提高了信息管理的效率，确保了信息的完整性和及时性。通过动态更新与实时监控，学校能够实时掌握学生的学习状态和学籍信息，快速响应变化。与此同时，智能化的学籍数据分析为学校提供了科学的决策支持，使得学生管理更加精准，预警机制更加高效。这种大数据驱动的学籍管理不仅提升了学校的管理效率，也为学生的个性化发展和全面成长提供了有力保障。

三、个性化管理与学生服务

（一）学籍管理与个性化支持的结合

高职院校的学籍管理已经不再仅仅是信息存储与跟踪的工具，而是通过学籍管理与个性化支持的结合，为学生提供更具针对性的学习支持和发展建议。大数据技术使得学校能够分析每个学生的学籍数据，深入了解学生的学习习惯、学术表现、兴趣和需求，并基于此为学生提供个性化的学习路径建议。

通过分析学生的成绩波动、课程参与度、选修偏好等数据，系统可以自动生成个性化的学习建议。例如，某些学生在特定领域表现出色，系统可以推荐更高级别的课程或相关实践机会，帮助他们进一步发展优势领域；对于那些在特定学科上遇到困难的学生，系统则可以提醒教师为其安排个性化辅导或额外学习资源。这种基于数据分析的个性化支持不仅能帮助学生在学业上获得更好的发展，还能增强他们的学习动力，提升整体学习体验。

此外，个性化管理还可以体现在职业规划和生涯发展建议上。通过分析学生的学籍数据与职业目标的匹配度，学校可以提供定制化的职业建议，帮助学生更好地规划未来的就业和职业发展。例如，系统可以根据学生的学习记录和兴趣，推荐符合其职业目标的实习机会、行业培训或职业证书等课程。这种从学籍管理延伸出的个性化服务，极大地提升了学校对学生的支持能力，帮助学生在校期间充分挖掘潜力，找到适合自己的发展路径。

（二）跨部门协同管理

为了实现真正的个性化管理和高效的学生服务，跨部门协同管理在高职院校的教育管理中至关重要。大数据技术通过数据共享与整合，使得教务、学生服务、后勤等多个部门能够实现协同管理，提供全面、系统的服务支持。

在传统管理模式下，各部门的数据往往各自为政，难以实现信息共享和协同合作。而大数据时代，通过构建统一的数据平台，教务处、学生服务部门、后勤管理部门等可以通过数据共享实时掌握学生的整体情况，确保管理和服务的连贯性和高效性。例如，教务处可以通过获取学生的宿舍信息、奖惩记录和心理健康报告，全面了解学生的学习和生活状态，在制订学术计划时能够考虑学生的全面情况，而不仅仅基于单一的成绩和选课记录。

这种协同管理还能够帮助学校在处理突发事件时更迅速地做出反应。例如，当学生处发现某名学生出现心理或生活问题时，系统可以通知教务处调整学生的学业安排，甚至通知后勤部门为其提供住宿上的支持，形成全方位的联动机制。这种跨部门的数据协同与管理模式能够打破信息孤岛，提升部门之间的工作效率，确保每名学生在校期间都能得到及时、个性化的支持和服务。

此外，跨部门协同管理还体现在为学生提供更加便捷的服务体验上。学生在办理学籍事务、课程调整、生活服务申请等事项时，通过统一的平台进行操作，不再需要奔走于不同部门之间。在后台，各部门的协同工作和数据共享确保了学生的需求能够被及时响应，减少了传统流程中的时间浪费和沟通不畅。这种全流程、全方位的协同管理，不仅提高了管理效率，还显著提升了学生的满意度和学校的服务水平。

大数据技术的引入为高职院校的个性化管理与学生服务带来了全新的可能。通过学籍管理与个性化支持的结合，学校能够基于学生的数据分析为其提供定制化的学习和发展建议，帮助每个学生实现个体化的成长和职业目标。同时，通过跨部门协同管理，教务、学生服务、后勤等部门能够共享数据，形成高效联动，确保学生在学习和生活的各个方面都能获得全面支持。这种个性化与协同化管理的结合，不仅提升了教育管理的效率和精度，也为学生提供了更加优质的服务体验，推动高职院校的教育管理进入智能化、数据化的新时代。

第二节　大数据与教学质量监控

一、教学质量监控的现状与挑战

（一）传统教学质量监控的局限性

在大数据技术尚未广泛应用之前，高职院校的教学质量监控主要依赖于传统的评估方式，存在明显的局限性。这种模式通常依靠定期的教学评估和学生的考试成绩来衡量教学质量，缺乏实时的监控和动态反馈，导致对教学质量的评估滞后。

传统的教学质量监控方式多以学期末或学年末的教学评估为主，学校通过期末考试成绩、学生反馈问卷以及教师自评等方式来衡量整个学期的教学效果。然而，这种评估方式存在时间上的滞后性，无法及时反映教学过程中的实时问题。例如，学生在课程中的学习效果、课堂上的参与情况、对课程内容的即时反馈等信息，往往只能在学期结束后才能通过考试成绩或评估问卷体现出来。这种滞后性使得学校和教师无法在教学过程中及时调整教学策略，影响了学生的学习体验和教学质量的提升。

此外，传统的教学质量监控主要依赖于学生的考试成绩这一单一指标，难以全面反映教学过程中的多维度因素。考试成绩固然能反映学生对知识的掌握情况，但它无法有效揭示学生在课堂上的参与度、互动性、理解深度等关键教学因素。例如，学生的课堂表现、参与讨论的积极性、学习的主动性等，都难以通过考试成绩直接体现。这使得管理者对教师的教学效果和学生的学习状态难以做出准确的全面评估，导致在教学质量提升方面缺乏有力的依据和指导。

（二）教学质量数据单一的局限性

除了监控反馈的滞后性，教学质量数据的单一性也是传统监控模式中的一大挑战。在传统的教学质量监控中，学校主要依赖于学生的成绩数据和有限的评估反馈，很少涉及课堂内外的综合数据。

教学质量是一个涉及多个维度的复杂体系，仅仅依赖考试成绩或学期末的学生评价难以全面反映教学过程中的各个环节。例如，学生在课堂上的参与度、作业的完成情况、与教师的互动频率、课后学习资源的利用情况等，都是衡量教学质量的重要因素，但这些数据在传统的评估体系中往往未被充分利用或记录。学生对课程的理解、学习的进展以及与教师的沟通等行为信息在课堂中实时发生，但如果学校没有实时采集和分析这些数据，就很难精准掌握学生的学习状况，导致评估结果失真。

此外，教师的教学行为、课程设计的适应性、教学方法的有效性等关键因素在传统的监控中也常被忽视。例如，教师的教学风格、课程内容的互动性、教材的适用性等，虽然对教学质量有直接影响，但由于缺乏相关数据的支撑，学校难以针对这些因素进行评估和改进。这种数据的单一性使得管理者在提升教学质量时缺少具体的、细化的参考依据，无法进行针对性的改进。

在大数据时代，高职院校传统的教学质量监控模式面临诸多挑战。传统监控方式依赖于定期评估与考试成绩，缺乏实时监控与动态反馈，导致反馈滞后，难以及时发现教学过程中的问题。此外，教学质量数据的单一性也限制了评估的全面性，难以反映教学过程中的多维度因素，如学生的课堂参与度和教师的教学行为等。要突破这些局限，学校需要引入大数据技术，通过实时数据采集和多维度的教学行为分析，建立更加精准和全面的教学质量监控体系，确保教学质量的持续提升。

二、大数据技术在教学质量监控中的应用

（一）教学过程数据的全面采集与分析

大数据技术的广泛应用为高职院校的教学质量监控带来了全新的方式，通过多维度数据的全面采集和分析，学校可以对教学过程有更深入、全面的了解。传统的教学监控局限于考试成绩和课堂评价，而大数据技术则可以从多种渠道采集与教学相关的数据，覆盖课堂内外的多种行为和表现。

大数据可以实时采集学生的课堂互动、教师的授课行为、学生的作业完成情况、考试成绩以及在线学习平台的使用情况等信息。例如，课堂上学生的发言次数、与教师的互动频率、课堂气氛等都可以通过智能教室设备记录下来，形成详尽的教学行为数据。同时，学生在使用在线学习平台时的学习进度、访问频率、课后练习的完成度等也可以被记录和分析。这种数据的全面采集打破了传统只关注期末成绩的局限，管理者可以通过更为丰富的数据维度，准确了解每一名学生的学习行为和表现。

此外，大数据还可以通过智能算法分析教师的授课行为，如授课内容的结构、教学方法的多样性、课堂时间的合理分配等，从而帮助管理者对教师的教学效果做出科学评估。这种多维度的教学数据分析，不仅为学校提供了更详细的教学质量评估基础，也为教学改进和优化提供了具体的参考依据。

（二）基于大数据的教学质量评估体系

借助大数据技术，学校可以建立一个更加全面和多元化的教学质量评估体系。传统的评估方式通常过于依赖考试成绩，难以反映教学的全过程。而基于大数据的评估模型可以将学生的学习过程、参与度、学习成果等多方面因素纳入评估标准，确保对教学质量的全面评估。

在这个多元化评估体系中，成绩虽然仍然是一个重要的衡量指标，但不再是唯一标准。通过数据采集，学生在学习过程中的表现，如出勤率、课堂参与情况、课后学习的投入程度、作业完成质量等，都会成为评价的一部分。这样一来，学校能够更科学地衡量学生的综合学习能力，而不仅仅是对其期末成绩进行简单判断。例如，学生的积极参与、创新思维、团队合作能力等因素可以通过数据分析体现出来，并在评估中占有相应的比重。

同样，教师的教学质量评估也可以不再局限于学生的考试成绩。通过大数据分析，教师的教学方法、教学内容的适应性、课堂管理能力等都可以成为教学质量评估的关键指标。通过这些多维度的数据分析，学校可以对教师的教学效果进行更细致、精准的评价，鼓励教师在教学方法和内容上不断创新。

（三）实时监控与反馈机制

大数据技术支持对教学过程进行实时监控与反馈，这是传统教学质量监控模式难以实现的重要功能。在大数据系统的支持下，学校可以实时采集课堂上的各类教学信息，并通过数据分析发现教学中的问题和不足，及时进行调整和优化。

例如，课堂中的学生出勤情况、学习进度、参与度等可以通过大数据平台实时更新，教师和管理者可以根据这些实时数据快速做出反应。如果发现学生在某一阶段的学习进展缓慢，或者出勤率下降，系统可以自动提醒教师或辅导员进行干预，帮助学生克服学习上的困难。同样，教师也可以通过平台实时获取学生对课程的反馈，调整教学方法或内容。

这种实时反馈机制不仅提升了管理的效率，还为教学质量的提升提供了更多空间。例如，教师在教学过程中可以根据学生的参与度和理解水平，实时调整授课节奏，增加互动环节，或是针对某些难点知识进行更多的讲解和演示。学校的管理者也能够通过实时监控，及时发现教学过程中存在的普遍性问题，如某些课程的学习难度较大、学生参与度普遍较低等，从而在课程设置和教师培训方面做出调整。

大数据技术的应用为高职院校的教学质量监控提供了全新的思路和工具。通过多维度的数据全面采集与分析，学校可以对学生的学习行为、教师的教学方式等进行全方位的监控，实现教学的精准评估。基于这些数据，学校能够构建一套更加多元化的教学质量评估体系，不仅关注考试成绩，还结合学习过程中的多种因素进行综合评价。此外，实时监控与反馈机制使得学校和教师能够在教学过程中及时发现问题并调整策略。通过大数据技术的应用，高职院校的教学管理进入了一个更加智能化和数据驱动的时代。

三、教学效果预测与问题预警

（一）基于数据的教学效果预测

在大数据时代，高职院校的教学管理已经不仅局限于事后的评估与分析，基于数据的教学效果预测也成了一种前瞻性的管理手段。通过对学生的学习成绩、课堂参与度、作业完成情况等多维度数据的深入分析，学校可以预测教学效果，提前发现教学中潜在的问题，进而进行及时的干预和优化。

大数据技术能够整合学生在课堂内外的各类学习行为数据。例如，学生的作业提交情况、出勤率、考试成绩、在线学习平台的使用情况等都可以通过数据采集系统自动记录并整合到统一平台中。通过这些数据的分析，学校可以识别出哪些学生在某些科目上表现优异或出现困难，并根据这些信息预测教学效果。例如，当学生的成绩在多个测试中呈现持续下降趋势，或者课堂参与度降低，系统可以提示管理者，这可能意味着教学内容或教学方法需要调整，或者学生需要额外的辅导支持。

此外，通过对全班或全校范围内的数据分析，学校可以发现哪些教学环节可能存在普遍性的问题。例如，如果某些课程的学生整体成绩较低，且作业完成情况普遍较差，这可能提示课程难度过高或教学方式不适应学生的学习习惯。通过这种预测机制，学校能够主动采取措施，在问题严重化之前就进行调整和改进。

（二）风险预警与应对机制

大数据技术的另一个重要应用是风险预警与应对机制。通过数据分析，学校可以识别教学中的潜在问题，如学生学习困难、课程设计不合理、教学方法不当等，及时向管理者发出预警，避免问题积累导致更严重的教学质量下降。

风险预警机制的核心在于通过对实时数据的分析，快速识别出可能影响教学效果的风险。[①] 例如，当某门课程的出勤率持续低于平均水平，或者某些学生的考试成绩持续下滑，系统可以自动发出预警信号，通知教师和管理者进行调查。这种预警机制可以帮助学校提前识别问题，采取针对性的措施，而不是等到期末或学期结束才发现教学效果不理想，错过了最佳的调整时机。

针对学生学习困难的风险，数据分析还可以提供个性化的支持方案。系统可以自动检测出哪些学生在某些课程上存在学习困难，例如通过作业未按时提交、课堂发言减少、在线学习时长下降等行为特征，提示教师进行一对一辅导或增加课程辅助资源。这种个性化的预警机制能够帮助教师快速响应学生的学习需求，防止学生掉队。

此外，课程设计不合理或教学方式不当也是常见的风险因素。通过分析学生对不同课程的反馈数据，学校可以及时发现哪些课程在教学效果上存在普遍问题。例如，

① 侯浩翔，倪娟．“双一流”建设高校本科创新人才培养的风险预警与规避策略研究［J］．杭州师范大学学报：社会科学版，2022，44（4）：79-86.

某些课程可能因为设计过于理论化而导致学生理解困难，或者某些课程的教材和教学方式未能与当前行业需求接轨。通过预警机制，学校可以及时对课程内容、教学方式进行调整，确保课程设计符合学生的学习需求和职业发展目标。

应对这些预警信号，学校可以建立相应的应对机制，确保在问题出现之前采取措施。例如，针对学生学习困难的预警，学校可以组织专题辅导班或个性化学习计划；针对课程设计不合理的预警，学校可以召集教师进行教学研讨，及时修订课程大纲或教学方法。这种数据驱动的应对机制不仅提高了学校的管理效率，还有效提升了教学质量和学生满意度。

在大数据技术的支持下，教学效果预测与问题预警成为高职院校教学管理中的重要手段。通过多维度的数据分析，学校可以准确预测教学效果，发现潜在的教学问题，提前进行干预，确保教学质量持续提升。同时，风险预警与应对机制通过实时数据分析和预警信号，为管理者提供了精准的风险识别工具，使得学校能够及时发现并解决教学中的各类问题，避免问题积累影响整体教学质量。这种基于大数据的预测与预警机制，不仅提高了学校的管理水平，还为教学效果的持续改进提供了有力保障。

四、教师教学质量的精准评价

（一）多维度教师教学评估

在大数据时代，高职院校对教师教学质量的精准评价已经不再局限于传统的单一指标，如考试成绩或学生满意度等，而是通过多维度的数据综合评估教师的教学表现。大数据技术的应用使得学校能够结合学生反馈、课堂表现、教学成果等多方面的数据，为教师教学质量提供更全面、科学的评价。

在传统教学质量评价体系中，教师的评价通常依赖于学生期末的教学评价问卷或课堂成绩。然而，这种单一的评价方式往往不能全面反映教师的教学效果。大数据技术通过实时采集课堂中的多维度数据，弥补了传统评估方式的不足。例如，学生的课堂参与度、教师的教学计划执行情况、课程内容的覆盖率等，都可以成为评估的重要维度。系统可以通过采集学生的作业完成情况、考试成绩波动、课堂发言次数等信息，客观呈现教师在不同环节的教学表现。

此外，大数据还可以分析教师的教学成果，如科研项目的进展、学生的毕业就业情况、与行业需求的匹配度等，这些数据能够反映教师在培养学生职业技能和综合素质方面的贡献。结合这些多维度的评价指标，学校能够对教师的教学质量进行更加全面、精准的评估，不仅了解教师的课堂表现，还可以考察其对学生学习效果的长期影响。这样，教师教学质量的评价更加客观，避免了单一指标带来的偏差和片面性。

（二）教师教学行为的改进

通过大数据技术提供的多维度数据反馈，学校能够帮助教师了解自身教学中的优势与不足，从而推动教学方法的不断优化和改进。

传统的教师教学改进通常依赖于学期末的学生反馈或学校的教学评估报告，这些反馈往往滞后，且不够具体。大数据技术能够通过实时采集和分析教师的教学行为数据，提供即时的反馈，帮助教师及时发现问题并调整教学策略。例如，系统可以通过学生的课堂参与度数据和考试成绩波动，及时告知教师某些知识点学生理解不足，建议教师在下次授课时加强相关内容的讲解。此外，教师还可以通过分析数据了解到哪些教学方法最受学生欢迎，哪些教学内容在课堂上难以引起学生的兴趣，从而不断优化教学内容和方式。

教师还可以借助大数据技术分析自己在不同课程或不同班级的教学效果，了解自己在不同情境下的表现。通过与其他教师的教学数据进行对比，教师可以学习到其他教师成功的教学经验，并将其应用到自己的教学实践中。例如，教师可以发现某些教学互动模式更能激发学生的学习兴趣，或者某些教学辅助工具（如视频、课件等）的使用能够提升学生的学习效果。这种数据驱动的教学反馈机制，不仅帮助教师提升教学质量，还推动了教师队伍的整体教学水平的提高。

此外，大数据技术还可以帮助教师进行自我反思和持续进修。教师可以根据教学数据的长期趋势，发现自己在教学中的成长空间，并主动参加相关的教学培训课程，学习新的教学方法和技术。学校也可以根据数据反馈，针对性地为教师提供教学培训和指导，帮助其在教学实践中不断进步。

在大数据时代，教师教学质量的精准评价依赖于多维度的教师教学评估与数据反馈。通过结合学生反馈、课堂表现、教学成果等多方面的数据，学校能够对教师的教学质量进行更加科学和全面的评价，避免传统评估模式的单一性和片面性。同时，大数据反馈机制为教师提供了即时的教学反馈，帮助教师发现教学中的问题和优势，推动其不断优化教学方法。这种基于数据的教师教学改进模式，不仅提升了教师的教学水平，还有效提高了整体教学质量，为学生的学习效果提供了更加有力的保障。

第三节　大数据与教学资源优化配置

一、教学资源管理的现状与痛点

（一）资源利用率低与分配不均衡

在大数据时代之前，高职院校的教学资源管理存在着资源利用率低和分配不均衡的问题。学校的教学资源通常包括教室、实验室、图书馆、教学设备等设施，而这些资源往往因为配置不合理，导致某些资源闲置，另一些资源则因使用频繁而紧张。

例如，部分实验室可能长时间处于闲置状态，原因可能是课程安排不合理或实验课程需求不足；与此同时，其他课程或专业的教室、实验室资源可能因过度使用而供不应求。这种现象不仅影响了教学效果，也降低了学校整体资源的利用效率。某些教学设备由于没有合理的调度安排，可能在一些部门或课程中反复使用，造成资源紧张，而其他部门的设备却闲置未用。

资源分配不均衡的问题还体现在专业之间的资源配置差距上。某些热门专业可能会得到更多的资源支持，而一些冷门或小众专业的资源相对较少，导致这些专业的教学质量受到影响。这种不均衡的资源配置方式，无法满足学生的多样化学习需求，影响了学校整体教学的公平性和效能。

（二）教学资源调度与管理难度大

传统的高职院校教学资源管理依赖于人工调度，这种管理模式不仅效率低下，还难以适应大规模、多样化的教学需求。缺乏数据支持是造成教学资源调度与管理难度大的主要原因之一。

传统的资源调度通常依赖于手工记录和经验判断，管理人员需要手动调配教室、实验室等设施。这种模式不仅容易出现调度错误，且对未来的需求变化无法有效预测。例如，管理者难以准确估算未来某个课程的学生人数或设备需求量，导致资源的安排和分配往往滞后或不匹配，影响了教学秩序的正常进行。此外，人工调度的方式也很难应对紧急或临时性的资源需求。例如，当某些课程需要临时增加实验设备或临时调换教室时，管理者通常需要手动安排，无法快速响应。

资源管理的复杂性还体现在管理数据的分散性上。不同的教学资源（如教室、实验室、图书馆等）往往由不同的部门分别管理，各部门之间缺乏统一的数据平台进行共享和协作。这种“信息孤岛”现象导致各类资源无法被合理调配，增加了资源管理的难度。管理者很难通过整合不同部门的数据来进行全局性的资源规划，无法有效地根据教学需求的变化进行灵活调整。

目前，高职院校的教学资源管理存在明显的痛点：一方面，资源的利用率较低且分配不均衡，影响了教学资源的充分发挥，无法满足学生的多样化需求；另一方面，传统的人工调度模式使得教学资源的调度与管理难度大，缺乏数据支持，难以实现资源的合理预测和动态调整。要解决这些问题，学校需要通过大数据技术优化教学资源管理，提升教学资源的使用效率，实现更公平、科学的资源分配与调度。

二、大数据在教学资源配置中的作用

（一）数据驱动的资源分配与调度

在大数据时代，数据驱动的资源分配与调度为高职院校的教学资源管理提供了科学依据。通过大数据技术，学校能够整合历史数据，分析过去的课程安排、学生选课情况、教室和实验室的使用频率等，优化教学资源的分配。

大数据技术能够自动分析以往各类资源的使用模式，帮助学校识别哪些课程或专业对资源的需求较大，哪些资源在某些时段处于闲置状态。通过对这些数据的深度分析，管理者可以更加科学地安排教室、实验室和教学设备，确保资源分配的合理性。例如，如果大数据分析显示某一实验室在某些时段需求较高，而其他时段使用较少，学校可以灵活调度这些资源，避免资源过度集中在某一时间段。这种数据驱动的分配方式不仅提升了资源的利用效率，还降低了资源闲置的现象，使得学校能够更加有效地管理教学资源。

（二）资源需求预测与智能化管理

大数据技术不仅能帮助学校优化现有资源的分配，还能通过历史数据和趋势分析预测未来课程资源的需求，从而实现智能化管理。在大数据的支持下，学校可以对未来的教学需求做出预测，提前做好资源的准备与调配。

通过大数据分析系统，学校可以获取有关学生选课趋势、课程报名人数变化、课程难度和教学设备需求等信息，预测未来的资源需求。例如，通过分析学生的选课情况，学校可以提前预测哪些课程将在下学期成为热门课程，从而提前调配更多的教室和教学设备。对于实验性较强的课程，大数据还可以帮助学校预测未来实验设备和实验室的需求，确保教学设施能够及时到位，避免因资源不足影响教学进度。

此外，智能化的资源管理还能够根据大数据的实时分析结果进行动态调配，确保资源始终处于最优配置状态。例如，在教学过程中，如果某些课程的学生人数增加或教学设备的需求发生变化，系统可以自动调整资源调度，确保资源能够满足临时性和紧急需求。这种基于大数据的预测和智能管理，帮助学校提高了管理效率，避免了资源浪费和调度失误。

（三）资源利用率的实时监控与调整

大数据技术的另一个重要作用是实现资源利用率的实时监控与调整。通过大数据平台，学校可以实时监控教室、实验室、图书馆等教学资源的使用情况，确保资源得到高效利用。

通过大数据的实时监控，管理者可以及时发现资源利用中的问题，例如某些教室或实验室的使用频率较低，或某些资源长期处于过度使用状态。系统可以根据监控结果自动生成报告，提示管理者对资源进行调整。例如，如果某些设备长期闲置，系统会建议将其调配至其他课程或专业；如果某些教室或实验室的使用频次过高，系统会建议管理者优化课程时间表或调配更多的教学资源，以缓解资源紧张。

这种实时监控和调整机制不仅能够提高学校教学资源的利用率，还帮助管理者及时应对教学需求的变化。例如，当某些课程的需求突增时，系统可以立即调配更多的资源，确保学生的学习不受影响。反之，对于那些需求下降的课程，系统会自动减少资源投入，从而保证资源的灵活性和动态调整能力。

大数据技术在高职院校教学资源配置中起到了关键作用。通过数据驱动的资源分配与调度，学校可以根据历史数据科学安排和调度教学资源，优化资源使用效率。资源需求预测与智能化管理帮助学校提前预判未来的资源需求，实现了动态调配与灵活管理。资源利用率的实时监控与调整则通过数据分析及时发现问题并进行优化，确保教学资源得到最大化利用。通过大数据的支持，高职院校能够更高效、精准地管理教学资源，保障教育资源的合理分配与有效利用。

三、教学资源使用的个性化与精准化

（一）基于数据的精准资源供给

在大数据时代，高职院校教学资源的管理正在从传统的统一配置向精准化、个性化供给方向发展。通过大数据技术，学校可以根据不同专业和课程的特点，以及学生的个性化学习需求，提供更加精细化、定制化的教学资源配置，确保资源的使用更具针对性与有效性。

大数据技术能够整合学生的学术背景、专业需求、课程设计等多维度信息，精准地为每个专业和课程分配相应的资源。例如，不同专业对实验设备、教学场地的需求差异很大，工科类专业的学生可能需要更多实验室和专业设备，而文科类专业则对图书资源和多媒体教室的需求更高。通过分析这些专业和课程的历史数据和未来发展趋势，学校可以针对不同专业的具体需求，合理分配教室、实验室、教学设备等资源，避免短缺的情况发生。

此外，精准的资源供给不仅仅体现在硬件设施上，也涉及教师资源和课程内容的精准调配。学校可以通过大数据分析不同课程的教师需求、教学效果及学生反馈，合理配置教师资源，确保教师的专业能力与课程内容的匹配度。例如，对于那些需要高水平实践操作的课程，学校可以调配具有丰富实践经验的教师，提升学生的学习体验和教学效果。这种基于数据分析的精准供给模式，使得资源配置更加高效合理，同时也满足了不同学生和专业的特定需求，提升了整体教学质量。

（二）个性化学习资源的推荐

在大数据技术的支持下，教学资源的配置不仅能够满足专业和课程的需求，还可以通过分析学生的学习轨迹、兴趣点等数据，实现个性化学习资源的推荐，从而提升学生的自主学习效率。

大数据平台可以收集学生的学习行为数据，包括他们在课堂上的参与情况、作业提交情况、在线学习平台的使用频率、课程选修偏好等。通过对这些数据的分析，系统能够准确了解每名学生的学习需求和兴趣点。例如，某些学生在特定领域表现出浓厚兴趣，或者在某些科目上表现较为薄弱，系统可以据此为学生推荐相关的学习资源，如在线课程、电子图书、课外辅导材料等。

这种个性化推荐不仅提升了学生的学习体验，还帮助学生更高效地自主学习。通过精准推荐与学生学习目标和兴趣相符合的资源，学生可以有针对性地补充知识，改善弱项，或者深入探索感兴趣的领域。例如，一个对编程感兴趣的学生可以通过系统自动推荐的编程课程和课后练习，获得更多的学习机会；而另一个在数学学习中遇到困难的学生，则可以获得定制化的数学辅导资源。

此外，个性化学习资源推荐还能够帮助学生合理规划学习时间，避免信息过载。系统会根据学生的学习进度和表现推荐适合其学习水平的资源，确保资源的难度与学生当前的能力相匹配。通过这种个性化的资源推荐，学生可以更加自主地进行学习，提高学习效率和效果。同时，这也有助于培养学生的自主学习能力，激发他们的学习兴趣，推动他们在校内外的持续学习和成长。

大数据时代的教学资源管理正在向个性化与精准化转变，学校通过基于数据的精准资源供给，能够更好地根据不同专业和课程的特点为学生提供针对性的资源配置，提升教学资源的使用效率和教学效果。同时，个性化学习资源的推荐通过对学生学习轨迹和兴趣的分析，帮助学生获得更加个性化的学习支持，提升自主学习的效果和效率。大数据技术的应用不仅优化了资源管理，还为学生的个性化学习和发展提供了有力支持，推动了教育质量的全面提升。

四、教学资源管理中的成本控制

（一）资源利用效率提升与成本控制

在高职院校的教学资源管理中，提升教学资源利用效率是实现成本控制的关键目标之一。大数据技术的应用为精细化管理提供了有力支持，通过精准分析和优化资源配置，学校可以提高资源的使用效率，减少浪费，进而有效降低运作成本。

传统的资源管理方式常常难以实时掌握资源的使用情况，导致教室、实验室、设备等资源闲置或过度使用的现象频繁出现。大数据技术则通过实时监控资源使用情况，帮助管理者做出科学的调整。例如，通过对教室和实验室的使用率进行分析，系统可以准确评估哪些资源长期处于低使用状态，及时优化课程安排或资源分配，减少资源的闲置浪费。对于那些使用频率较高的资源，系统可以提供建议，调配更多资源或优化其利用方式，以避免资源过度使用导致的设备损耗和额外维护成本。

同时，大数据技术还可以在采购和资源更新方面进行精确的成本控制。通过对设备使用寿命、维护频率、成本收益等数据的分析，学校可以科学规划设备的采购周期和更新策略，避免资源的过早淘汰或过度使用。这样，不仅能延长教学资源的使用寿命，还能减少不必要的支出，确保教学资源管理中的资金得到最有效的利用。通过精细化的资源管理，学校能够在提升资源使用效率的同时，达到降低成本的目的，进而实现更加可持续的教育管理模式。

（二）资源调度优化与能效提升

大数据技术在教学资源管理中的另一个重要作用是资源调度优化与能效提升，这对学校的成本控制有直接影响。智能化的数据分析可以帮助学校根据实际需求合理调度资源，从而减少电力、设备等的闲置，提升能效和成本效益。

例如，学校可以通过大数据分析课堂和实验室的使用频率，优化设备的开启和关闭时间，从而减少不必要的能耗。[①] 实验室的耗电设备、空调、灯光等资源的调度可以通过数据系统实现自动化控制，避免在无人使用时资源仍处于运行状态。通过这种智能化的资源调度，学校不仅能够节省电力等能源成本，还能有效减少设备磨损，降低维护费用。

此外，基于大数据的能效管理系统还可以帮助学校实时监控和优化能耗。例如，通过对教室、实验室等设施的能耗数据进行分析，系统可以识别出高能耗区域和时段，并为管理者提供节能建议。学校可以根据这些数据调整资源调度方案，避免不必要的能源浪费。例如，在某些时段教学需求较低的情况下，系统可以自动减少该区域的电力供应，从而提高整体能源利用效率。

通过数据驱动的智能调度，学校可以更加灵活地管理资源，确保在降低能耗的同时不影响教学效果。此外，系统化的资源调度优化还能够延长设备的使用寿命，减少设备的维护和更换成本，从而进一步节约学校的运作开支。这种基于大数据的管理方式，不仅提升了学校的资源使用效率，还使得学校在成本控制和环境保护方面取得了双重收益。

大数据技术在高职院校教学资源管理中的应用，不仅有效提升了资源利用效率，还帮助学校在成本控制方面取得了显著成效。通过精细化管理，学校能够减少资源的闲置和浪费，降低运作成本。同时，智能化的资源调度与能效管理进一步减少了电力

---

① 韦树成，廖剑斌. 大数据分析管理系统在实验室中的应用和实践［J］. 华东科技，2022（9）：83-85.

和设备的闲置，提高了能效，进而控制了学校的能耗成本。整体来看，大数据驱动的教学资源管理为高职院校在优化教学质量的同时实现了成本的可持续控制，提高了学校的运作效率和财务稳健性。

五、跨校资源共享与协作

（一）教育资源平台的共享与整合

在大数据时代，高职院校通过建设教育资源共享平台，实现跨校资源的共享与整合，为提高整体教育资源的利用效率提供了新思路。大数据技术为这一目标的实现提供了坚实的基础，不同院校之间可以通过大数据平台共享在线课程、实验设备、教学资料等宝贵资源，从而减少重复建设，优化资源使用。

通过建立大数据驱动的教育资源共享平台，高职院校可以打破传统院校资源封闭的限制。各校的优质课程资源可以通过平台对外开放，学生可以根据自己的学习需求跨校选修其他学校的优质课程，极大丰富了学习选择。例如，一所高职院校的某个特色专业课程可以面向其他院校的学生开放，学生们通过在线平台进行学习和考核，在享受优质教育资源的同时，提升自己的学习效率。同样，某些教学设备或实验室资源，尤其是一些大型设备或特殊专业所需的设施，可以通过共享平台为其他院校所用，避免了资源的闲置或重复购置。

这种跨校资源共享模式，不仅提高了各校资源的利用率，还能通过聚合多校的优质资源，提升整体教育质量。例如，区域内的几所高职院校可以联合开展教学科研活动，充分利用彼此的设备、师资力量和教学资源，打破各校的资源壁垒，实现资源的最大化共享与整合。大数据平台的应用，使得这种资源共享的调度和管理变得更加高效，保障了资源使用的公平性和便捷性。

（二）区域内教育资源的协同优化

在大数据技术的推动下，高职院校不仅可以实现单纯的资源共享，还可以通过平台进行区域内教育资源的协同优化，使得区域内的各校教育资源实现最优配置和互补合作。

大数据平台可以实时采集和分析区域内各所高职院校的教学资源使用情况，包括教室、实验室、师资力量、教学设备等。通过这些数据的整合，教育管理部门可以对区域内各院校的资源分配进行全局性规划。例如，当某所院校的实验设备供不应求时，平台可以自动推荐周边其他院校的闲置资源，实现资源的跨校调配。这样的协同优化不仅缓解了某些学校资源不足的压力，还提升了整个区域内资源的使用效率。

此外，区域内高职院校还可以通过大数据平台协同开设跨校课程，实现教学资源的互补性。例如，某些院校可能在特定领域拥有先进的教学设备和专业课程，而其他院校则具备丰富的师资和实践资源。这些院校可以共同规划课程设置，打通学生跨校选课和学分互认的通道，确保学生能够在区域内不同院校之间自由学习，享受到最适合自己专业发展的教育资源。这种协同优化不仅提高了区域内教育资源的利用率，还推动了不同院校之间的深度合作，形成了资源共享的良性循环。

同时，大数据平台还可以帮助教育管理者及时监控和分析区域内的资源分配问题，优化教育政策。例如，通过对区域内各校的生源、教学需求、设备使用率等进行大数据分析，管理者可以发现哪些学校的资源供需失衡，哪些领域需要增加投入或调配资源，从而对教育资源进行动态调整，确保资源的合理配置与高效使用。

大数据时代为高职院校的跨校资源共享与协作提供了全新的契机。通过大数据技术，院校之间可以通过建设教育资源共享平台，实现课程、设备等教育资源的互联互通，提升整体教育资源的利用效率。此外，区域内的高职院校还可以通过大数据平台进行教育资源的协同优化，推动区域内教育资源的最优配置和互补合作，形成高效的资源调度机制。这种跨校共享和协作模式，不仅提升了教育资源的使用效率，还促进了区域内高职院校的协同发展，为高职院校教育管理的现代化、智能化提供了有力支持。

第五章　大数据驱动下的教育管理创新

教育管理的模式正逐步转向数据驱动，实现了从经验决策向科学决策的转变。大数据技术的引入为高职院校的教育管理带来了前所未有的机遇，促使教育管理方式从传统的手工管理转向智能化、精准化和高效化。大数据驱动下的教育管理创新，不仅提升了学校的管理效率，还推动了教学质量的提升和学生个性化发展的实现。

第一节　智能化教学管理系统

一、智能化教学管理系统的概念与构成

（一）概念定义

智能化教学管理系统是在大数据和人工智能技术的支持下，为高职院校提供的综合管理平台。该系统集成了教学计划、资源分配、教学质量监控和评价等多种功能，旨在优化教学管理流程、提升资源配置效率、提供实时的教学反馈，从而实现更加智能化的教育管理。与传统的教学管理系统不同，智能化教学管理系统不仅依赖于自动化的流程管理，还通过大数据分析和AI算法，为决策者提供科学的管理支持。例如，它可以实时监控教学活动，分析学生学习数据，帮助管理者做出精确的资源配置决策，同时为教师和学生提供个性化的支持和反馈。

智能化教学管理系统不仅是学校教学计划和资源管理的工具，更是一个通过数据分析优化教学决策的平台。通过大数据技术对教学过程中的数据进行整合分析，系统可以帮助管理者全面了解学校的教学状况、教师的教学效果以及学生的学习情况，进而推动教学质量的提升和管理效率的提高。

（二）系统的主要构成模块

智能化教学管理系统的构成包括多个模块，分别覆盖教学资源、教师管理、学生学习等不同的教学管理环节。这些模块协同工作，形成一个完整的教育管理生态系统，帮助高职院校实现全方位的智能化管理。

1. 教学资源管理模块

该模块负责学校课程资源的配置、调度和使用。大数据技术能够实时分析学校的课程设置、教室和实验室使用情况，确保教学资源的合理分配与最大化利用。例如，系统可以根据学生的选课数据和教师的需求，自动调整课程时间表，提高教室的使用率。同时，系统还可以对教学设备、图书资料等资源的使用情况进行监控，确保所有教学资源得到有效利用。在大数据的支撑下，教学资源的管理更加精准、动态，能够根据实时需求做出灵活调整，从而提升教学资源的使用效率。

2. 教师管理模块

教师管理模块侧重于教师的工作量管理、教学质量评估及反馈分析。通过系统，学校可以实时跟踪教师的工作量分配情况，了解其在教学、科研和学生辅导等方面的工作表现。该模块还支持对教师教学效果的评价，包括课堂参与度、学生反馈、教学成果等数据。大数据技术使得这些评估更加精准和全面，教师可以根据评估反馈不断改进自己的教学方法。此外，系统可以通过数据分析，识别教师的优势和不足，并提供有针对性的建议，如安排教师参加特定的培训，帮助其提升教学水平。

教师管理模块的另一个关键功能是教学反馈分析。通过对学生的学习数据和课堂参与数据进行分析，系统可以自动生成教学反馈，帮助教师了解学生的学习进度和理解情况。这样，教师可以在教学过程中及时调整授课内容和方式，提升教学的适应性和效果。

3. 学生学习管理模块

学生学习管理模块负责跟踪学生的学习行为、成绩变化，并为学生提供个性化的学习路径推荐。通过该模块，学校可以全面掌握每个学生的学习轨迹，包括出勤情况、作业完成度、考试成绩等。大数据分析可以帮助识别学生的学习习惯和困难，提供早期预警机制，以便及时干预，防止学生学业掉队。

该模块还具有个性化学习路径推荐功能。通过分析学生的学习数据，系统可以根据学生的兴趣和能力推荐适合的课程、学习资源和课外活动，帮助学生更有针对性地规划学习内容，提升学习效果。此外，学生还可以通过系统获得实时的学习反馈和建议，提升自主学习的能力。对于教师和管理者来说，学生学习管理模块提供了全面的数据支持，使他们能够更好地关注和引导学生的成长。

智能化教学管理系统作为大数据时代高职院校教育管理的重要工具，集教学资源管理、教师管理和学生学习管理于一体。其主要构成模块包括教学资源管理模块、教师管理模块和学生学习管理模块，通过这些模块的协同工作，学校可以实现教学资源的优化配置、教师的精准评估与反馈，以及学生的个性化学习支持。通过智能化系统，学校的教学管理效率和教学质量得到了显著提升，为高职院校的现代化教育管理奠定了坚实基础。

二、智能化教学管理的功能与优势

（一）自动化排课与调度

在大数据技术的支持下，智能化教学管理系统的一个核心功能是自动化排课与调度。通过分析学生选课数据、教师的时间安排、教室和实验室的使用情况，系统可以智能化安排课程，确保教学资源得到最优化的配置。

大数据技术能够根据历史课程安排、学生人数以及教学需求，预测未来的课程需求，并合理调配教室、实验室和教师资源。这种智能调度功能不仅可以提高教室和实验室的利用率，还能避免传统人工排课方式中常见的时间冲突或资源浪费问题。对于管理者来说，系统自动生成的排课方案能够有效减少排课工作中的复杂性，提升管理效率，确保教学计划的顺利执行。

此外，智能化调度功能还支持临时需求的动态调整。比如，当教师临时请假或课程需求发生变化时，系统可以实时调整教学资源，重新分配教师和教室，最大限度减少对正常教学秩序的影响。这种自动化排课与调度功能，大幅提升了高职院校的教学管理效率和灵活性。

（二）教学过程的实时监控与反馈

智能化教学管理系统的另一个重要功能是教学过程的实时监控与反馈。通过大数据技术，学校可以实时收集师生在课堂中的表现数据，包括学生的出勤情况、课堂参与度、师生互动情况等，帮助管理者即时了解教学过程中的情况。

这种实时监控功能使得管理者可以及时发现教学中出现的问题。例如，如果系统监测到某一课程的学生参与度较低，教师的授课进度过快或学生的出勤率较低，管理者可以根据这些数据反馈及时作出干预，要求教师调整教学内容或方式，确保教学质量。此外，系统可以自动生成每堂课的教学数据报告，供教师和管理者参考，帮助他们更好地了解教学效果，并根据需要调整教学策略。

实时监控还为教师的教学改进提供了依据。通过分析课堂数据，教师可以了解学生对不同教学内容的理解程度，及时调整教学节奏，确保学生能够跟上教学进度。这种实时反馈机制不仅提高了课堂教学的互动性和有效性，也提升了整体教学质量。

（三）个性化教学服务

基于大数据的智能化系统能够为学生提供个性化教学服务。系统通过分析学生的学习数据、行为数据，能够自动为每个学生定制个性化的学习计划和资源推荐，帮助他们在学习过程中获得最适合自己的支持。

学生的学习数据包括他们的考试成绩、作业完成情况、课堂参与度以及在线学习平台上的使用情况。通过这些数据，系统可以识别学生的学习习惯和薄弱环节，为其定制个性化学习路径。例如，系统可以根据学生的表现自动推荐额外的学习资源，如补充教材、视频课程等，帮助学生针对性地提升自己的学习能力。此外，系统还可以根据学生的兴趣点和职业发展目标，推荐学生选修课程或实践机会，帮助学生拓展学习领域，提升自主学习的效率和效果。

个性化教学服务的优势在于它能够满足不同学生的需求，促进差异化教学的实现。这种基于数据的个性化服务，打破了传统“一刀切”的教学模式，真正实现了以学生为中心的教学理念，提升了学生的学习积极性和学习效果。

（四）教学评价的智能化与自动化

智能化教学管理系统还具备教学评价的智能化与自动化功能。传统的教学评价方式通常过于单一，主要依赖于期末考试成绩或学生的课堂评价，缺乏对教学过程的全面考量。而智能化系统通过多维度的大数据分析，可以对教师的教学质量、学生的学习效果进行科学、全面的评价。

大数据分析不仅包括学生的成绩，还涵盖了学生的学习进度、课堂表现、课后参与度等多方面的因素。通过这些综合数据，系统能够自动生成教师的教学质量报告，包括教师的授课方式、学生对课程内容的掌握程度以及教学互动情况等。这种多维度的评价模式打破了传统评价方式的局限性，使得教学评价更加科学、客观。

此外，系统还可以根据教学评价结果为教师提供反馈建议，帮助其改进教学方法。例如，系统可以提示教师，哪些教学内容学生理解度较低，建议其在后续课程中加强讲解。这种自动化的教学评价系统，不仅提高了教学评价的准确性和全面性，还推动了教师教学水平的不断提升。

在大数据时代，智能化教学管理系统为高职院校提供了多项功能与优势。通过自动化排课与调度，系统能够高效、科学地调配教学资源；通过教学过程的实时监控与反馈，学校能够及时了解教学质量，灵活调整教学策略；通过个性化教学服务，系统为学生提供定制化的学习计划和资源，提升了学习效率；而通过智能化与自动化的教学评价，学校能够进行多维度、全面的教学评估，帮助教师不断改进教学方法。这些功能不仅提升了教学管理的效率与效果，也为个性化、科学化的教育管理奠定了基础。

三、智能化教学管理系统的技术支撑

（一）数据挖掘与分析技术

数据挖掘与分析技术是智能化教学管理系统的重要技术支撑之一，能够从教学过程中的海量数据中提取有价值的信息，支持决策分析和管理优化。在高职院校的教学管理中，学校每天都会产生大量与学生学习行为、教师教学表现、资源使用效率等相关的数据。通过数据挖掘技术，系统能够从这些数据中挖掘出有助于提升管理效率的关键信息。

例如，系统可以分析学生的学习成绩、课堂参与度、作业提交情况，找出影响学习效果的关键因素，并为学校提供建议以改进教学策略。对于教学资源管理，数据挖掘能够帮助识别教室、实验室的使用率以及设备的利用情况，优化资源调度，提高资源利用效率。同时，数据挖掘技术还可以预测未来的教学需求，如学生选课趋势、课程难易度调整等，帮助学校进行长期规划和资源配置。

通过深度分析海量数据，数据挖掘技术为学校管理者提供了数据驱动的决策依据，使得教学管理更加精准、高效。

（二）人工智能与机器学习技术

在智能化教学管理系统中，人工智能（AI）和机器学习技术起到了至关重要的作用。这些技术不仅可以分析海量的学习行为数据，还能自动生成学习报告，为学生提供个性化的教学建议。

人工智能技术能够根据学生的学习轨迹，分析他们的学习习惯、知识掌握情况和薄弱环节。通过机器学习算法，系统可以持续学习和调整，逐步提高个性化推荐的精准度。例如，AI 技术可以根据学生的考试成绩、作业表现和课堂互动情况，自动生成学习分析报告，指出学生的不足，并推荐适合的学习资料和课程内容，帮助学生弥补短板。同时，AI 还可以为教师提供教学改进建议，如优化课堂时间管理、调整教学内容，甚至根据不同学生的需求调整授课方式。

机器学习技术还支持对学生未来表现的预测。例如，基于学生历史数据，系统可以预测哪些学生有可能面临学业困难或有辍学风险，并提前提醒教师和辅导员进行干预。通过人工智能和机器学习，智能化教学管理系统能够实现个性化、预测性和自适应的教学管理，帮助学校在大规模管理中兼顾每个学生的学习需求。

（三）云计算与大数据平台

云计算与大数据平台是支撑智能化教学管理系统的基础设施，提供大规模数据存储和计算能力，使得学校可以高效整合、处理和分析海量教学数据，提升管理效能。

在高职院校的教学管理过程中，系统需要处理大量的数据，包括学生的学籍信息、课堂表现、教师评估、课程安排和教学资源调度等。传统的本地服务器难以满足如此庞大的数据存储和处理需求，而云计算技术为学校提供了强大的计算资源，可以在云端进行大规模数据的实时存储和计算。

云计算平台能够灵活扩展，满足学校不断增长的数据处理需求，并为学校提供低成本的 IT 基础设施解决方案。例如，学校可以将教学管理系统的所有数据存储在云端，随时随地通过网络访问并进行管理。大数据平台则可以通过并行计算和分布式处理能力，快速处理和分析海量的教学数据，帮助学校及时掌握教学现状，优化管理决策。

此外，云计算技术还支持数据的跨校共享与协作，多所高职院校可以通过云平台共享课程资源、实验室设备、教师数据等，形成更加紧密的教育资源协同网络。通过云计算和大数据平台的支撑，智能化教学管理系统得以高效、灵活地运行，为学校提供强大的数据支持和计算能力，推动教学管理的全面升级。

智能化教学管理系统依赖于多种先进的技术支撑，其中数据挖掘与分析技术帮助从海量教学数据中提取有价值的信息，优化管理决策；人工智能与机器学习技术则通过分析学生的学习行为，提供个性化的学习建议和教学改进方案，实现精准化、智能化的教学管理；而云计算与大数据平台为系统提供了强大的数据存储和计算能力，帮助学校高效处理海量数据，实现资源共享与协作。这些技术支撑的共同作用，使得高职院校的教学管理更加智能、高效、个性化，推动了大数据时代教育管理模式的全面革新。

第二节　数据驱动的决策支持系统

一、数据驱动的决策支持系统概述

（一）系统定义与功能

数据驱动的决策支持系统（DSS）是基于大数据分析和处理技术，专门为教育管理者设计的科学决策辅助工具。该系统通过对各类教育数据的采集、分析、建模和可视化，帮助管理者在多个领域（如招生、教学、资源配置、学生发展等）做出更为科学的决策。

在高职院校的教育管理工作中，决策支持系统的应用极大地提升了管理效率和精准度。传统的管理决策通常依赖于经验和局部数据，而数据驱动的 DSS 系统则通过整合海量、多维度的教育数据，提供全面的决策依据，减少决策过程中的主观性和不确定性。例如，在招生工作中，DSS 系统可以通过对历年招生数据、学生来源、学科需求的分析，帮助学校制订更加合理的招生计划；在教学资源配置方面，系统可以根据教室使用情况、课程需求和设备使用频率，智能化分配教学资源，确保资源得到最优利用。

（二）系统的核心组成部分

数据驱动的决策支持系统由多个核心模块组成，每个模块在系统运行中扮演着关键角色，协同实现全面的决策支持功能。

1. 数据采集模块

数据采集模块是系统的基础，负责全面收集教育管理过程中产生的各类数据。数据来源涵盖学生信息（如成绩、学籍、考勤等）、教师数据（如授课情况、教学反馈、科研成果等）、课程信息（如开课情况、选课数据、评价结果等）以及资源使用数据（如教室、实验室设备的使用率等）。该模块通过自动化数据采集工具和接口，与不同的教育信息系统对接，确保数据的全面性、实时性和准确性。

例如，系统可以自动收集学生的学习轨迹、教师的工作量、实验室的使用记录等，将这些数据整理存储，作为后续分析的基础。通过全面的多维度数据采集，系统为教育管理者提供了翔实的数据基础，确保其决策有据可依。

2. 数据分析与建模模块

在数据采集完成后，数据分析与建模模块对收集到的海量数据进行深度分析。该模块采用大数据分析技术和建模工具，将复杂的数据进行结构化处理，生成可供管理者参考的决策报告。

例如，系统可以分析学生的成绩波动、教师的授课质量、资源的使用效率等，识别出潜在的问题和改进空间。通过建模，系统还能预测未来的趋势，如学生的辍学风险、热门课程的需求变化、教学资源的分配方案等，为管理者提供前瞻性的决策支持。数据分析和建模使得系统不仅限于现状分析，还能够基于历史数据和趋势，提出未来的解决方案和优化策略。这一模块能够极大地提升管理者的决策效率和决策科学性。

3. 决策可视化模块

数据分析的结果往往是复杂而庞大的，决策可视化模块的任务是将这些结果以图表、仪表盘等直观的方式呈现给管理者，帮助其快速理解和运用分析结果。

可视化模块通过不同类型的图形，如柱状图、折线图、饼图、热力图等，将数据变化趋势、资源使用情况、学生表现等重要信息形象化展示。管理者可以通过直观的界面，快速获取关键决策信息，避免在数据细节中迷失。

例如，招生管理者可以通过热力图查看不同地区的学生来源分布；教学资源管理者则可以通过仪表盘监控教室和实验室的使用情况，随时调整资源分配。决策可视化不仅提升了数据的可读性，还帮助管理者在短时间内做出更为准确和高效的决策。

数据驱动的决策支持系统（DSS）是高职院校教育管理工作中不可或缺的工具，

它通过大数据采集、分析和可视化，为教育管理者提供精准、全面的决策支持。该系统的数据采集模块确保数据的全面和实时性，数据分析与建模模块通过智能分析和趋势预测，为决策提供深度洞察，决策可视化模块则通过直观的展示方式帮助管理者快速理解和使用数据。通过这些核心模块的协同运作，DSS 系统大幅提升了教育管理的效率和科学性，使得管理者能够基于数据驱动的分析做出更合理、有效的决策。

二、决策支持系统在高职院校的主要应用领域

（一）招生与就业决策支持

在大数据时代，高职院校的招生与就业管理不再仅仅依靠传统的经验判断，而是通过决策支持系统（DSS）的数据分析，为学校提供更加精准和科学的决策依据。通过大数据分析招生趋势和就业市场需求，系统可以帮助学校制定和调整招生计划，优化专业设置，使得院校的培养目标与市场需求更加匹配。

基于以往的招生数据，DSS 可以分析不同地区、不同生源的招生表现、学生选择的热门专业以及入学后的学业表现。同时，通过外部就业市场的需求分析，系统能够识别各个行业的发展趋势和对人才的需求变化。学校可以根据这些分析，适时调整招生策略，增加市场紧缺人才的培养。例如，如果数据分析表明某行业的就业前景广阔，系统会建议学校扩大相关专业的招生规模，并调整课程设置，以增强学生的竞争力。

此外，决策支持系统还能帮助学校优化就业服务。通过数据对接学校的就业跟踪系统，系统能够实时监控毕业生的就业情况、薪酬水平和行业分布，并将这些数据反馈到招生和教学管理中。基于这些分析，学校能够更好地规划未来的招生和专业结构，使教育与市场需求紧密结合，确保毕业生的高就业率和优质就业水平。

（二）教学资源配置决策支持

教学资源的合理配置是高职院校教学管理中的重要任务，而决策支持系统可以通过分析历史教学数据，预测未来的教学资源需求，帮助学校科学合理地调配教学资源，提高教学管理效率和资源利用率。

系统能够基于学生人数、选课数据、课程安排等历史信息，预测下学期或下一阶段的教室、实验室和教师资源需求。例如，系统可以根据学生的选课偏好和教师的授课安排，自动优化课程表，确保教室和实验设备的利用率最大化，同时避免资源的闲

置与浪费。对于课程需求较大的专业，系统会提供建议，帮助管理者提前调度更多的资源或扩大授课规模。

另外，DSS 还能够分析实验室设备的使用频率，预测设备的维护需求和更新周期，确保教学设备始终处于最佳运行状态。例如，对于那些使用率较高的实验设备，系统可以提醒管理者安排设备维护或增配新设备，从而避免设备故障影响正常教学。通过这些功能，决策支持系统不仅提升了教学资源的管理效率，也优化了学校的资源利用，为教学质量的提升提供了有力支持。

（三）学业预警与管理决策

学业预警与管理决策是决策支持系统在高职院校中的另一重要应用领域。通过对学生学业成绩、出勤率、学习行为等数据的分析，DSS 系统可以识别潜在的学业风险，生成学业预警，帮助管理者及时采取干预措施，避免学生学业出现严重问题。

系统可以实时跟踪学生的学习轨迹，包括成绩波动、考试结果、课堂参与度和在线学习行为等数据。一旦检测到学生的学习表现持续下滑，或出勤率异常，系统将自动生成预警提示，并向辅导员、班主任或相关部门发出通知。基于这些数据，管理者可以为学习困难的学生制定个性化的学习干预措施，如安排辅导课程、学习计划调整或提供心理支持等，确保学生能够及时得到帮助。

例如，某位学生的出勤率长期偏低，且期中考试成绩明显低于班级平均水平，DSS 系统会自动发出预警，提示该生存在辍学或学习障碍的风险。学校可以根据预警信息联系学生，了解具体问题，并采取有针对性的措施帮助其改进学业表现。

通过学业预警功能，DSS 系统不仅帮助学校降低学生辍学率，还有效提升了学生的学习效果和学业成功率，使管理者能够更加精准地关注每个学生的成长与发展。

数据驱动的决策支持系统在高职院校的多个领域中发挥着重要作用。通过为招生与就业决策提供数据支持，系统帮助学校优化招生计划和专业设置；在教学资源配置决策中，系统通过历史数据分析合理分配教室、实验室和教师资源，提高教学管理的效率与资源利用率；而在学业预警与管理决策中，系统帮助学校及时发现学习困难的学生，进行针对性干预，降低辍学风险，提升学生的学习效果。DSS 系统的多方面应用，为高职院校的现代化教育管理提供了更加科学、精准、高效的解决方案。

三、决策支持系统的技术支撑

（一）大数据分析与挖掘技术

在大数据时代，高职院校的决策支持系统（DSS）依托大数据分析与挖掘技术，帮助管理者发现潜在的教育问题和趋势，从而做出更加精准的判断。大数据挖掘技术可以从学校日常管理产生的大量数据中提取有价值的信息，包括学生的学习行为、教师的教学表现、资源使用情况、招生和就业数据等。

通过对这些数据的挖掘，系统能够揭示出学校管理中的隐性问题。例如，通过分析学生的出勤率和考试成绩，系统可以发现某些课程的教学效果不理想，或某些教师的教学方式可能不符合学生的学习习惯。同时，大数据分析还可以发现教育发展中的长期趋势，如热门专业的就业情况变化、学生兴趣的转变等，帮助学校优化招生计划、课程设置和教学管理策略。

大数据挖掘技术使得学校管理者能够摆脱传统经验主义的局限，通过数据驱动的方式进行决策，确保管理决策更加客观、科学、具有前瞻性。这一技术支撑不仅提高了决策的精准度，还为学校的长期战略规划提供了坚实的基础。

（二）数据可视化工具

数据可视化工具是决策支持系统的重要组成部分，能够将复杂的决策数据转化为直观、易于理解的图表和仪表盘，帮助管理者快速掌握关键信息，做出高效决策。

在高职院校的日常管理中，管理者面临大量来自不同领域的数据，包括学生成绩、教师工作量、课程安排、资源利用率等。通过数据可视化技术，系统能够将这些复杂的数据通过柱状图、饼图、折线图、热力图等形式进行展示。管理者可以通过这些图表和仪表盘，一目了然地了解学校各个层面的运作情况。例如，招生管理者可以通过可视化界面查看不同地区学生的来源、专业选择趋势以及入学后的表现；教学管理者可以通过图表监控教学资源的使用情况和教师的授课质量，从而优化资源配置。

数据可视化工具不仅提升了数据的可读性，还缩短了决策时间。管理者无需深入研究数据的具体细节，便能通过直观的展示方式快速掌握整体情况，做出更加及时的决策。这种技术极大地提高了学校管理的效率，尤其是在面对复杂决策时，数据可视化成了管理者不可或缺的辅助工具。

（三）预测模型与AI算法

预测模型和人工智能（AI）算法是决策支持系统中最具智能化的技术支撑，能够帮助学校进行前瞻性的预测，优化教学和管理决策。通过大数据分析结合AI算法，系统可以预测学生的学习成绩变化、辍学风险、专业需求变化以及课程设置的合理性，为教育管理者提供科学的决策依据。

例如，AI算法能够根据学生的历史成绩、出勤率、学习行为等数据，预测某些学生可能面临的学业风险，生成预警信息，提前通知辅导员和教师进行干预，避免辍学等情况的发生。系统还可以利用预测模型分析学生的选课偏好和未来的就业趋势，帮助学校在新学期开始前优化课程设置和招生计划，确保教学资源的合理分配和专业结构的优化。

此外，人工智能技术还可以分析教师的教学模式和学生的反馈，评估某门课程的教学效果，并提出改进建议。通过这些智能预测模型，系统不仅帮助管理者应对当前的管理问题，还为学校的长期发展规划提供数据支持和决策工具，使得高职院校的教育管理更加科学、精准、前瞻。

决策支持系统（DSS）的高效运作离不开强大的技术支撑。大数据分析与挖掘技术帮助系统从海量数据中提取有价值的信息，发现潜在问题和趋势，为管理者提供精准的决策依据。数据可视化工具则通过直观的图表展示复杂数据，帮助管理者快速掌握信息，提升决策效率。预测模型与人工智能算法则为系统提供智能化的分析能力，帮助学校进行前瞻性的决策，优化教学资源和管理策略。这些技术的协同作用，使得高职院校的管理更加智能、科学和高效。

第三节　学生服务与支持系统

一、基于大数据的学生服务系统的概念与构成

（一）系统定义与目标

基于大数据的学生服务与支持系统是运用大数据技术为学生提供个性化、全方位支持的综合管理平台。该系统通过对学生学业、心理、就业等多方面数据的收集与分

析，帮助学校为学生提供更加精准和有针对性的服务，覆盖从学业指导到心理健康管理，再到就业辅导等多个领域。

学生服务系统的核心目标是通过数据驱动的方式，满足学生在学业发展、心理健康和职业规划方面的个性化需求。大数据技术使得系统能够实时跟踪学生的学习进展、情绪状态、职业兴趣等信息，从而为每个学生量身定制学习和发展建议。例如，系统可以根据学生的学术表现推荐额外的学习资源，或通过分析学生的情绪变化和行为模式及时提供心理支持，甚至根据就业市场的动态，为学生的职业规划提供指导。通过这些功能，系统帮助高职院校提升学生的整体学习体验，增强学生的成长支持。

（二）系统的构成模块

大数据驱动的学生服务系统由多个模块构成，每个模块专注于学生发展的不同方面，协同作用，共同为学生提供综合服务。

1. 学业支持模块

学业支持模块主要负责为学生提供个性化的学习路径规划和学习进度跟踪。基于大数据技术，系统可以分析学生的学习行为、课程表现、考试成绩和作业完成情况，生成个性化的学习报告和建议。例如，系统可以根据学生的历史成绩和当前课程表现，建议学生选修适合的课程，规划更具针对性的学习路径，帮助学生弥补薄弱环节，提升学习效率。

此外，系统能够实时跟踪学生的学习进展，并及时提供反馈。如果某个学生的学业进度落后于班级平均水平，系统可以自动提醒教师或辅导员进行跟进，帮助学生调整学习策略，防止其学业掉队。通过个性化的学业支持，系统不仅提升了学生的学习体验，还帮助管理者更好地监控和指导学生的学业发展。

2. 心理健康管理模块

心理健康管理模块是学生服务系统中的关键部分，旨在通过数据监控学生的情绪状态和心理健康状况，提供心理健康预警与干预服务。通过对学生的出勤率、课堂表现、互动行为、社交活动等数据的分析，系统能够识别出潜在的心理健康问题，如情绪低落、压力过大或孤立行为等。

系统会自动生成学生的情绪变化曲线，并在发现异常时触发预警机制，提醒学校心理辅导团队对学生进行干预。例如，如果学生长期缺勤或表现出极端情绪变化，系统可以自动通知辅导员或心理咨询师及时进行心理疏导或采取干预措施。同时，系统也能通过数据推荐放松训练、心理健康课程等资源，帮助学生自我调节情绪。心理健康管理模块的作用在于通过技术手段识别早期心理健康问题，防止学生的心理状况恶化，确保学生在校期间得到全方位的关怀与支持。

3. 就业支持模块

就业支持模块通过大数据分析，为学生提供基于个性化需求的就业推荐与职业生涯规划服务。系统可以整合学生的专业信息、职业兴趣、技能水平以及就业市场的动态数据，帮助学生制定个性化的职业发展路径，并为他们推荐符合其兴趣和能力的工作岗位。

例如，系统能够通过分析市场需求和学生的职业倾向，为其推荐与专业相匹配的实习机会或招聘信息。同时，系统还能追踪毕业生的就业情况，结合市场趋势，为在校学生提供更加精确的就业指导。就业支持模块不仅帮助学生更好地了解市场需求和职业选择，还通过数据分析提供简历优化、面试建议等个性化服务，帮助学生提升就业竞争力。

基于大数据的学生服务与支持系统是高职院校教育管理中的核心工具，能够为学生在学业、心理健康和就业等方面提供全方位、个性化的支持。系统通过学业支持模块帮助学生规划学习路径并实时跟踪学习进展，通过心理健康管理模块监控学生的情绪状态并提供心理干预，通过就业支持模块结合市场需求为学生提供个性化的职业规划与就业推荐。通过这些模块的协同作用，系统为学生提供了更加精准的服务，提升了他们的学习体验和职业发展机会，有效促进了学生的全面发展。

二、学生服务系统的主要功能

（一）个性化学习支持与学业指导

在大数据时代，个性化学习支持与学业指导是学生服务系统的重要功能之一。通过分析学生的学习行为、成绩变化、出勤率等，系统能够为每个学生量身定制学习计划，并推荐适合的学习资源和课程。大数据技术使得这些分析更加精确，能够实时反映学生的学习进度，帮助学校及时发现学习中的问题。

例如，系统能够通过学生的历史成绩、选课情况及学习偏好，生成个性化的学习路径，帮助学生选择适合自己的课程和学习计划。如果学生在某些课程上表现不佳，系统会自动分析其弱点，并推荐额外的学习资源，如在线课程、补习资料等，帮助学生弥补知识上的不足。同时，系统会实时跟踪学生的学习进度，及时更新学习建议，确保学生能够在学习过程中得到持续的指导和支持。

这种个性化的学业指导功能，不仅提升了学生的学习效率，还帮助学生根据自身能力和需求，合理规划学习进程，确保学生能够更有针对性地完成学业目标。

（二）心理健康监测与支持

心理健康监测与支持模块是学生服务系统中的重要功能，旨在保障学生的心理健康发展。学生的心理健康问题通常表现为出勤率下降、课堂参与度降低或情绪不稳定。通过监控这些行为数据，系统可以自动识别出潜在的心理问题。例如，当某个学生的出勤率突然下降或在课堂上表现出不寻常的沉默与不参与时，系统可以发出预警，提示辅导员或心理健康管理团队进行跟进和干预。同时，系统还能通过对学生的情绪变化进行持续监测，生成心理健康报告，帮助学校更好地了解学生的心理状态。

（三）就业辅导与生涯规划

就业辅导与生涯规划模块通过大数据分析学生的学习表现、兴趣爱好、职业目标等数据，结合就业市场的分析，为学生提供精准的就业推荐和生涯规划服务。这一功能帮助学生更好地规划职业路径，提升其在就业市场的竞争力。

系统可以基于学生的学术成绩、实习经历、技能水平以及职业兴趣，自动推荐适合的职业方向和招聘信息。例如，对于特定专业的学生，系统会根据当前行业的发展趋势和用人需求，推荐符合学生职业规划的实习或工作岗位。系统还能为学生提供简历优化建议，模拟面试训练，甚至跟踪毕业生的就业情况，帮助在校学生制定更有针对性的职业发展策略。

此外，系统能够为学生生成个性化的职业生涯规划报告，帮助学生清晰地了解自己的职业目标和发展路径。通过分析就业市场的趋势和发展变化，系统还可以为学生提供更加长远的职业建议，帮助其在毕业后顺利融入职场。

这种基于大数据的就业辅导与生涯规划服务，不仅为学生提供了个性化的就业推荐，还帮助他们在职业规划上做出更加科学和明智的选择，显著提升了毕业生的就业成功率。

基于大数据的学生服务系统通过其主要功能，帮助学校为学生提供全方位、个性化的支持。系统能够通过个性化学习支持与学业指导，根据学生的学习行为和成绩表现，提供定制化的学习建议，实时跟踪学习进度；通过心理健康监测与支持，及时识别并干预潜在的心理健康问题，保障学生的心理发展；通过就业辅导与生涯规划，结合学生的学习数据和就业市场分析，为学生提供精准的职业建议，提升其就业竞争力。这些功能的协同作用，为高职院校的学生管理工作提供了强有力的支持，帮助学生在学业、心理和职业发展上取得成功。

三、大数据技术在学生支持系统中的应用

（一）学业数据分析与个性化学习路径推荐

大数据技术在学生服务系统中发挥了重要作用，特别是在学业数据分析与个性化学习路径推荐方面。通过对学生学习数据的分析，系统能够深入了解每个学生的学习习惯、强项与弱项，从而生成个性化的学习路径，帮助学生提升学习效率。

具体来说，系统会采集学生的出勤率、课堂表现、考试成绩、作业完成情况等多维度数据，全面分析学生的学习进度和表现。例如，如果学生在某一门课程中表现较弱，系统会分析出其主要学习困难，并有针对性地推荐学习资源，如补充课程、学习材料或练习题等。同时，系统还能根据学生的选课偏好、学习风格和职业目标，为其推荐与个人发展最相关的课程。

这种基于大数据分析的个性化学习路径推荐，不仅帮助学生弥补知识漏洞，还能够激发学生的学习兴趣，确保其在学习过程中得到最合适的指导与支持，进而提升整体学业表现。

（二）心理健康与行为数据分析

在学生服务系统中，心理健康与行为数据分析模块利用大数据技术，结合学生的日常行为数据，如出勤率、作业完成情况、课堂参与度等，识别学生的心理变化，进而构建心理健康预警机制。

系统通过对这些行为数据的持续监控，能够识别出学生的情绪波动或压力表现。例如，当某个学生连续几周出勤率下降，或在课堂上表现出参与度不高的情况，系统会自动生成预警，提示辅导员或心理健康管理团队对该学生进行跟进和干预。同时，

系统还可以通过长期数据积累，识别出潜在的心理健康问题，如焦虑、抑郁等，提供早期干预建议。

这种基于数据的心理健康预警机制，不仅能够及时发现学生的情绪和心理变化，还帮助学校在问题恶化之前进行干预，确保学生在校期间的心理健康得到保障。

（三）就业市场数据分析与个性化推荐

就业市场数据分析与个性化推荐是大数据技术在学生就业支持系统中的另一个重要应用。系统通过对就业市场的变化趋势、行业发展、岗位需求等数据的分析，结合学生的学习表现、能力和职业倾向，为学生提供个性化的岗位推荐与职业发展建议。

系统能够分析当前和未来的行业需求，预测哪些岗位和技能将在就业市场上受到更多关注，并将这些信息与学生的职业目标相匹配。例如，系统可以根据学生的专业、技能水平、实习经历等，为其推荐最适合的工作岗位或实习机会。同时，系统还会根据学生的能力水平，提供职业生涯规划建议，帮助学生优化简历、提升面试技巧，并推荐职业技能培训课程，增强其在特定行业中的竞争力。

通过这种基于大数据的就业市场分析，学生不仅可以获得个性化的岗位推荐，还能提前了解行业趋势，做好职业生涯的长远规划。学校通过大数据技术的应用，能够显著提升毕业生的就业率和就业质量。

大数据技术在学生支持系统中有着广泛应用，帮助高职院校为学生提供更精准和个性化的支持服务。通过学业数据分析与个性化学习路径推荐，系统能够帮助学生根据个人需求调整学习计划，提升学习效率；通过心理健康与行为数据分析，系统及时识别学生的心理健康风险，并通过预警机制进行干预；通过就业市场数据分析与个性化推荐，系统为学生提供精准的岗位推荐和职业发展建议，帮助其在就业市场中占据竞争优势。大数据技术的应用，不仅优化了学校的管理工作，还为学生的学业、心理和职业发展提供了全面的支持。

第六章　实施大数据教育管理的挑战与对策

在大数据时代，虽然大数据技术为高职院校的教育管理带来了诸多机遇，但其实施过程中也面临着一系列的挑战。如何有效应对这些挑战，成为高职院校在提升管理效率、优化教学质量中的关键问题。技术基础设施不足、数据分析能力匮乏、个性化教学与管理实施困难等问题，成为大数据教育管理发展的主要障碍。然而，通过系统的对策和调整，高职院校可以逐步解决这些瓶颈，实现数据驱动的管理创新。

第一节　技术挑战：数据安全与隐私

一、数据安全面临的主要风险

（一）数据泄露的风险

在大数据时代，高职院校的管理系统存储着大量敏感信息，包括学生的个人信息、学籍记录、成绩等。数据泄露的风险是当前教育管理系统所面临的最严重的安全问题之一。如果这些敏感数据遭到泄露，将对学生的隐私安全造成巨大威胁，甚至可能引发社会信任危机，严重影响学校的声誉。

例如，学生的个人身份信息、联系方式、家庭背景等数据一旦外泄，可能被不法分子用于进行网络诈骗、身份盗窃或其他非法活动。除此之外，学籍信息、成绩记录等学术数据的泄露不仅会损害学生的个人声誉，还可能导致学生未来在求职、升学等方面遇到麻烦。因此，确保学生数据的安全性是学校管理系统首要解决的问题，必须通过强有力的防护机制避免任何形式的数据泄露。

（二）数据存储与传输的安全隐患

在高职院校管理过程中，数据存储与传输的安全隐患同样是不可忽视的挑战。学生和教师的数据需要长期保存，并且在教学管理过程中会频繁进行数据传输，如成绩上传、学籍变更等。在这一过程中，数据可能遭遇黑客攻击、恶意软件植入、数据篡改等多种网络威胁。

黑客攻击往往针对数据传输渠道，尤其是在加密措施不完善的情况下，攻击者可能拦截数据包，从中获取或篡改敏感信息。另一方面，数据存储系统中的漏洞可能被恶意软件利用，从而破坏数据的完整性和可用性。如果管理系统未能及时修补这些漏洞或建立有效的防护机制，重要数据的安全将无法得到保障。此外，数据备份和恢复机制不完善也可能导致在灾难恢复时丢失关键信息，影响教育管理系统的正常运行。因此，确保数据存储和传输过程中使用强大的加密技术、防火墙等安全措施，是保障系统完整性和可用性的关键。

（三）内部数据滥用问题

内部数据滥用问题是高职院校数据安全管理中的另一大风险。校内的管理人员、教师或系统用户对数据拥有一定的访问权限，但如果数据访问权限设置不当，或管理者未对数据访问进行严格监控与审查，内部人员的滥用或误用数据的情况可能发生。

例如，某些教师或工作人员可能在未经授权的情况下，查阅或使用学生的敏感信息，甚至将这些信息泄露给外部人士，这不仅会对学生隐私造成侵害，也会导致数据滥用带来的法律责任。此外，缺乏适当的数据使用规范和权限管理，可能导致用户误操作，删除或修改关键数据，影响系统的正常运行和管理决策的精准性。

为此，校方需要通过严格的数据权限管理制度，明确各类用户对数据的访问权限，并通过日志记录和定期审查对数据访问行为进行监控，以最大限度地降低内部数据滥用的风险。

在大数据时代，高职院校的教育管理系统面临着多种数据安全风险。数据泄露不仅可能危害学生隐私和学校声誉，数据存储与传输过程中更面临着黑客攻击、恶意软件入侵等威胁。此外，内部数据滥用问题也可能导致敏感信息的误用或泄露，进一步加大了数据安全管理的难度。因此，学校在构建管理系统时，必须通过加密技术、权限管理等安全措施，防止数据泄露、存储和传输安全隐患以及内部滥用问题，确保系统的安全性和可靠性。

二、隐私保护的挑战

（一）学生隐私的保护难题

在大数据时代，高职院校管理系统广泛收集学生的学习行为数据、健康信息和个人背景资料等，学生隐私的保护成为一项重大挑战。如何在有效利用数据提升教育管理效率的同时，保护学生的个人隐私，是教育管理者面临的难题之一。

学校为了优化教学管理和提供个性化服务，需要采集大量学生数据，包括出勤记录、成绩分析、学习习惯、心理健康状况等。然而，这些数据中包含大量敏感信息，尤其是学生的健康数据和行为数据，涉及个人隐私的核心内容。数据的过度收集和使用可能侵犯学生的隐私权，导致被数据滥用甚至外泄。此外，学生在校期间并未完全具备意识到个人数据安全风险的能力，这使得他们在面临数据保护问题时处于相对被动的地位。

因此，学校必须在数据的采集和使用上保持审慎，建立数据匿名化和加密处理机制，确保数据在应用过程中不能直接关联到个人身份。同时，在数据应用中，学校应明确规定数据的用途和使用范围，避免超范围使用学生的隐私数据。学生的知情权和同意权也应得到充分保障，任何涉及敏感信息的数据收集和处理，都应提前告知学生并获得其授权，确保数据应用过程中的透明性与合规性。

（二）隐私侵权的法律风险

隐私侵权不仅会对学生造成严重的个人损害，还可能引发学校的法律风险和社会舆论压力。随着数据隐私保护的法律法规日益严格，高职院校在数据收集、存储、处理过程中，如果未能遵守相关的法律要求，侵犯了学生或教师的隐私权，将面临法律诉讼和罚款等法律后果。

例如，《中华人民共和国个人信息保护法》和《中华人民共和国网络安全法》等法规对个人信息的收集、使用和存储提出了明确的要求，任何组织和机构在收集数据时，必须确保数据的合法性和透明性。如果学校在未征得学生同意的情况下，过度收集或滥用其个人数据，甚至将其敏感信息暴露给第三方，那么学生有权依法提出诉讼，要求学校赔偿其经济和精神损失。此外，隐私侵权的事件一旦曝光，不仅会导致学校声誉受损，还会在社会舆论中引发广泛的负面反响，给学校带来长远的声誉风险。

因此，学校必须严格遵守法律法规的要求，制定详尽的隐私保护政策，明确数据收集和处理流程。同时，校方还需加强对教职工的培训，确保所有涉及学生数据的人员能够理解并遵守相关的隐私保护法规，避免不当操作和数据泄露带来的法律风险。

在大数据驱动的高职院校管理体系中，隐私保护面临着巨大的挑战。如何平衡数据的有效应用与学生隐私的保护是管理者亟须解决的问题。学习行为数据、健康数据等敏感信息的管理尤其需要谨慎，避免侵犯学生的隐私权。此外，如果在数据处理过程中未能符合隐私保护的法律要求，学校将面临巨大的法律风险和社会舆论压力。因此，学校必须建立严格的数据收集与管理流程，确保学生隐私得到充分保障，避免隐私侵权及其带来的不良后果。

三、对策与建议

（一）加强数据加密与安全协议

为应对大数据时代高职院校管理系统中的数据安全挑战，首先要加强数据加密与安全协议的实施。高职院校的管理系统存储和处理大量敏感信息，数据一旦被非法访问或窃取，将带来严重的后果。因此，引入高水平的数据加密技术，确保数据在存储、传输和使用的每个阶段都受到保护，是防止数据泄露的关键。

学校应采用先进的加密技术对数据进行加密存储，并在数据传输过程中通过安全协议（如SSL/TLS）进行双向加密，确保数据在传输途中的安全性。同时，针对敏感数据如学生个人信息、健康记录等，可以引入匿名化技术，确保即使数据泄露，攻击者也无法识别具体的个人信息。通过这种多层次的加密保护，学校能够有效防范外部攻击，确保数据在各个环节不被非法访问或篡改。

（二）制定严格的数据访问控制机制

除外部攻击风险外，内部数据泄露也是高职院校面临的重要问题之一。为减少这种风险，必须制定严格的数据访问控制机制，通过权限管理体系确保只有具备合法授权的人员才能访问特定数据。

学校应建立分级权限管理体系，根据不同用户的职责分配相应的数据访问权限。

例如，教师只能查看与其课程相关的学生信息，而行政管理人员则可访问学籍信息和招生数据。通过这种精细化的权限划分，可以大幅降低内部人员滥用数据或不当操作的风险。此外，管理系统还应记录所有数据访问操作，生成详细的日志报告，并定期进行审查，确保所有数据访问行为都符合安全规定。严格的数据访问控制机制不仅能够降低数据泄露的风险，还提高了管理过程的透明度和可追溯性。

（三）实施数据使用的合规性检查

为了确保数据的合法使用，学校还应定期实施数据使用的合规性检查，确保数据的收集、存储和使用符合相关的隐私保护法律法规。

定期进行数据安全审计可以帮助学校发现隐患，并及时纠正数据管理过程中的不规范操作。审计内容应包括数据的收集范围、使用目的、存储期限等，检查是否符合《中华人民共和国个人信息保护法》《中华人民共和国网络安全法》等法律法规的要求。通过这一机制，学校能够有效防止数据滥用、违规存储和未经授权的使用。此外，学校还应建立健全的应急响应机制，一旦发现数据泄露或违规使用，应立即采取措施，避免事态扩大，保护学生和教师的合法权益。

（四）增强技术人员的网络安全意识

对负责管理和使用数据的技术人员进行数据安全和隐私保护的专项培训是必不可少的措施。培训内容应涵盖最新的网络安全技术、加密方法、权限管理、应对网络攻击的最佳实践等，确保技术人员具备必要的安全知识和防范技能。此外，还应定期组织实战演练，模拟数据泄露或网络攻击的应急响应过程，帮助技术人员熟悉应对流程，提升应急处理能力。通过不断提升技术人员的安全防范意识，学校能够更有效地防止人为失误或内部威胁造成的数据泄露和滥用。

在大数据时代，高职院校管理系统面临着多方面的数据安全挑战。为应对这些风险，学校需要从多方面入手，加强数据加密与安全协议的应用，确保数据在各个阶段不被非法访问；通过制定严格的数据访问控制机制，减少内部人员滥用数据的风险；定期实施数据使用的合规性检查，确保数据管理符合隐私保护的法律要求；并且通过专项培训，提高技术人员的网络安全意识，从操作层面保障数据安全。通过这些多层次的对策，学校能够有效提升其数据安全管理水平，保护学生和教师的数据隐私。

第二节　组织文化挑战：传统观念与数据观念

一、传统观念的挑战

（一）管理者对大数据的认知不足

在大数据时代，虽然技术为高职院校的教育管理提供了更加科学、数据驱动的手段，但管理者对大数据的认知不足仍然是大数据技术广泛应用的主要障碍之一。许多高职院校的管理者习惯于依赖经验进行决策管理，认为经验积累和直觉判断足以应对日常管理问题。

由于对大数据技术的理解有限，部分管理者对其实际效用存在质疑。尤其是在传统教育管理模式下，管理者往往认为数据分析复杂、成本高、需要大量技术投入，而忽视了大数据在提高决策科学性、优化管理流程方面的优势。这种观念上的保守性使得大数据技术在高职院校的实际应用过程中推进缓慢，甚至被搁置。管理者如果缺乏对大数据的认知与理解，可能不会优先考虑技术革新，导致教育管理方式难以实现现代化转型。

（二）传统的管理决策模式难以转变

高职院校的教育管理长期依赖于传统的经验式决策模式，这种依赖过去成功经验的决策方式在较长时间内形成了固定的管理流程和习惯。大数据技术提出的以数据为依据的管理模式，要求对以往的管理思维和工作流程进行转变，这可能引发教育管理者的抵触情绪。

传统管理模式的优点在于简单直接，决策的速度快，管理者可以根据自身的经验和直觉快速做出决策。然而，随着高职院校的规模扩大和教育资源的多样化，这种模式逐渐暴露出难以适应复杂管理环境的问题。大数据技术能够提供基于全面、实时数据的决策支持，弥补传统模式的不足。然而，这一转变意味着管理者不仅需要依赖数据，还要接受数据分析结果作为主要决策依据。部分管理者可能认为这与他们的管理风格有冲突，并且担心由数据驱动的决策模式可能削弱他们的权威性。

此外，数据驱动的管理模式还要求工作流程的重新设计，这涉及资源分配、绩效评估、教学资源管理等多个环节。这种全面的转变可能会引发管理层与执行层的摩擦，进一步增加实施大数据管理模式的阻力。为了成功实现大数据技术在高职院校管理中的应用，学校需要在技术引进的同时，进行观念上的引导，帮助管理者和工作人员逐步接受和适应新的管理方式。

在大数据时代，传统观念的挑战严重影响了高职院校对大数据技术的应用和推广。管理者对大数据的认知不足，使得技术实施困难，而传统的经验式管理模式的根深蒂固，进一步阻碍了数据驱动的管理模式的引入和转变。要克服这些挑战，高职院校需要对管理者进行系统化的教育与培训，帮助其理解大数据技术的优势，并通过调整工作流程，逐步实现从经验管理向数据驱动管理的过渡。这一过程虽然充满挑战，但对于提升学校管理效率和科学决策能力至关重要。

二、数据观念的挑战

（一）数据素养与使用意识不足

在大数据时代，高职院校管理工作的数字化转型过程中，数据素养与使用意识不足是广泛存在的问题。部分教师和管理人员对数据的应用认识不足，导致在教学和管理过程中，数据收集和分析的积极性不高。

传统的教学和管理模式更多依赖于经验和直觉，对于日常管理和教学的决策，教师和管理人员习惯于凭借过往的经验进行判断和选择。而数据工作的复杂性、技术要求以及操作成本，常常让这些工作人员感到困惑或抗拒，认为数据分析对实际工作无益。部分教师和管理者甚至认为数据工作是额外的负担，会增加工作负荷，而忽视了数据背后的价值。

然而，随着大数据技术的广泛应用，数据驱动的教学和管理能够为学校带来更加科学、高效的管理手段。例如，基于数据的学生学业表现跟踪、教学资源分配优化和个性化的教学支持，都可以通过精准的数据分析实现。教师和管理者需要逐步提升数据素养，认识到数据不仅是教学效果评价的工具，更是提升教育管理决策质量的重要资源。因此，学校需要加强数据使用培训，增强全体教职员工的数据意识，让他们认识到数据在教学质量和管理优化中的实际价值。

（二）跨部门数据共享与协作困难

高职院校的管理工作往往涉及多个部门协作，而跨部门数据共享与协作困难则是数据观念的另一个重要挑战。许多学校的各个部门之间存在数据孤岛现象，缺乏有效的数据共享意识和机制，导致教育管理中数据的应用难以充分发挥其优势。

例如，教务部门、学生事务部门、后勤管理部门等各个部门之间的数据往往是相对独立的，彼此之间缺乏沟通与协作。教务部门可能掌握学生的学习成绩和课程参与情况，学生事务部门则拥有学生的心理健康、出勤率等数据，而后勤部门管理着学生的住宿和生活数据。由于缺乏统一的数据共享平台和机制，各部门的数据无法形成协同效应，导致决策者无法全面了解学生的整体发展状况。

这种数据孤岛现象不仅限制了学校资源的合理配置，还阻碍了基于大数据的综合性决策。例如，学生学业数据与心理健康数据可能密切相关，但在缺乏跨部门协作的情况下，学校无法及时发现和干预潜在的学业和心理问题。为了打破这一瓶颈，学校需要建立统一的、规范化的数据共享机制，确保各部门能够有效整合和利用数据资源。通过建立数据共享平台和跨部门协作机制，管理者可以获得更全面、更准确的数据支持，提升整体的教育管理水平。

在高职院校的大数据时代，数据观念的挑战严重影响了数据驱动管理模式的有效实施。教师和管理人员的数据素养与使用意识不足，使得他们在教学和管理过程中对数据的收集和应用缺乏主动性。此外，跨部门数据共享与协作困难导致各部门的数据无法形成合力，阻碍了管理决策的全面性和精准性。要克服这些挑战，学校应通过数据培训增强全体教职员工的数据意识，并建立统一的数据共享平台和跨部门协作机制，充分发挥大数据在教学和管理中的优势。

三、对策与建议

（一）提高管理层的数据素养与认知

要有效推动大数据技术在高职院校教育管理中的应用，首先需要提高管理层的数据素养与认知。管理层对大数据技术的理解和重视是学校实现数据驱动管理转型的关键。

学校可以通过多种方式来提升管理者和教师对大数据的认知。例如，组织数据应用相关的培训，邀请专家进行专题讲座，展示大数据技术在教育管理中的具体应用和成功案例。此外，学校可以与已经成功实施数据驱动管理的院校或企业合作，通过分享经验与实际操作案例，让管理者亲身感受到大数据技术带来的价值。通过这种培训与分享活动，管理层和教师可以深入了解大数据在优化教学、提升资源配置效率、提高决策科学性方面的巨大潜力，从而更加积极地推动学校管理方式的数字化转型。

（二）构建数据驱动的管理文化

除了提升认知外，学校还需要构建数据驱动的管理文化。这一文化应强调“数据即资源”的理念，将数据分析与应用融入日常教学和管理工作中，逐步培养教职工依赖数据进行科学决策的工作习惯。

要实现这一目标，学校可以从制度层面入手，将数据的收集、分析和使用嵌入各个部门的工作流程中。例如，要求教职工定期提交基于数据的教学反馈报告和教学资源利用分析，同时鼓励他们将数据应用到教学计划的制定、学生成绩的评估等方面。通过这种制度化的推动，数据分析将成为工作流程中的一个标准环节，教职工会逐步认识到数据在提升工作效率、优化决策方面的不可替代性。

学校还可以开展“数据周”等主题活动，通过数据应用研讨会、案例展示等形式，进一步促进数据文化的形成。通过持续的引导和支持，逐步构建依赖数据进行科学管理的文化氛围。

（三）推动跨部门的数据协同机制

要充分发挥大数据的优势，学校还需要推动完善跨部门的数据协同机制，打破数据孤岛，提升管理效率。当前，许多高职院校的各部门数据相对封闭，缺乏共享机制，导致管理工作中的决策无法依托全面的数据支持。

为了解决这一问题，学校应建立统一的数据管理平台，汇集教务、后勤、学生管理、财务等各部门的数据，实现跨部门的信息共享与协作。通过数据管理平台，学校的各级管理者可以随时获取最新的综合性数据报告，并基于这些数据作出更为精准和全面的决策。同时，建立专门的数据共享机制和协作工具，确保各部门之间的信息流畅性。

跨部门的数据协同不仅能够促进教育管理的优化，还可以为学生提供更加全面的个性化支持。例如，学生的学业数据与心理健康数据的整合可以更好地帮助管理者及时发现和应对学生的问题，提升教育服务质量。

（四）激励数据应用创新

为了鼓励学校各部门和教职工积极利用数据提升教学质量和管理效率，学校还应制定数据应用相关的激励措施，推动数据创新实践的普及和推广。

学校可以设立“数据应用创新奖”，表彰在数据应用方面有突出表现的教师和管理人员，推广他们的优秀实践经验。同时，可以通过绩效考核、资金支持、专业提升等激励手段，鼓励教职工在日常工作中更加主动地使用数据。例如，对于通过数据分析显著提高教学质量的教师，学校可以提供额外的奖励或研究经费，支持其在教学改革中的持续创新。通过建立激励机制，学校能够促使教职工积极探索大数据的应用价值，形成数据驱动的创新氛围。

为有效应对大数据时代高职院校教育管理中的挑战，学校需要采取一系列对策与建议。首先，应通过培训和经验分享提高管理层的数据素养与认知，确保大数据技术得到充分重视；其次，学校需要通过制度建设和文化引导，构建数据驱动的管理文化，将数据分析融入日常管理中；同时，学校应建立统一的数据平台，推动跨部门的数据协同机制，打破信息孤岛，实现更加高效的协作管理；最后，制定相关的激励措施，激励数据应用创新，让教职工积极利用数据来提升教学与管理的效果。通过这些措施，学校将能够全面提升教育管理效率，推动数据驱动的教育管理模式落地并实现长远发展。

第三节　相关法规与政策挑战

一、大数据应用中的法律与政策约束

（一）教育领域的数据隐私保护法律要求

随着大数据技术的广泛应用，数据隐私保护成为一个至关重要的问题。学校在采集和使用学生、教师等个人信息时，必须严格遵守相关法律法规的要求，以确保数据的安全性与合规性。中国的《中华人民共和国网络安全法》和《中华人民共和国个人信息保护法》等法律对教育领域的数据隐私保护作出了明确规定。

《中华人民共和国个人信息保护法》特别强调个人信息的合法、正当、必要使用原则，学校作为数据处理者，在进行数据处理时必须遵循“最小必要性”原则，即数据的收集和处理应当服务于特定的管理或教育目标，且仅限于所需的最小范围。同时，《中华人民共和国网络安全法》对数据存储和传输提出了加密和安全防护的要求，学校必须确保在数据存储和传输过程中采取必要的技术手段保护数据安全，防止非法访问和数据泄露。

对于学生的个人信息（包括学籍、成绩、健康状况等）和教师的个人数据，学校必须建立健全的数据保护机制，防止未经授权的访问和使用。这不仅是法律的要求，也是对学生和教职员工权益的尊重。学校应通过制定数据隐私保护政策和加强内部培训，确保每个教职工都了解并遵守相关法律法规。

（二）数据收集和使用的合规性问题

在应用大数据技术进行教育管理时，数据的合规收集与使用是核心问题之一。学校在采集学生和教师的个人数据时，必须严格按照法律要求，获得合法授权，并确保数据的使用目的和范围清晰明确。

首先，学校在数据收集时应向学生和教师提供透明的告知，明确说明数据的收集目的、使用范围和可能的风险。个人信息的收集必须基于明确的同意，特别是对于涉及敏感数据的采集（如健康信息、心理评估数据等），学校需要进一步确保数据主体的知情权和选择权。同时，数据收集的授权需要体现出数据的有限性和必要性，即数据采集应仅限于完成特定管理或教育目的所必需的范围。

在数据使用方面，学校应严格遵守使用范围的规定，确保数据不会被滥用或外泄。未经合法授权，任何个人或机构不得将收集到的教育数据用于其他目的，特别是商业用途或超出原有范围的其他用途。通过建立内部审计和监督机制，学校能够定期检查数据的使用情况，确保数据处理流程的合法性和透明性。此外，在数据共享与第三方合作时，学校还需要对合作伙伴的数据处理能力进行审查，确保数据在合作中的安全和合规。

在大数据技术广泛应用于高职院校教育管理的过程中，学校必须严格遵守《中华人民共和国网络安全法》和《中华人民共和国个人信息保护法》等相关法律法规。数据隐私保护是大数据管理中的核心问题，学校需要通过合法授权、合理使用、透明告知等手段，确保在数据采集和使用过程中符合合规性要求。通过构建健全的隐私保护机制和合规监督体系，学校不仅能够保障学生和教师的数据安全，也为大数据技术在教育领域的长期健康发展提供了法律与政策支持。

二、政策支持与规范不足

（一）缺乏专门针对教育管理的大数据政策

当前大数据技术的应用在各行各业逐渐普及，政府和企业领域的大数据应用政策较为健全，然而，高职院校在实施大数据管理时，面临着缺乏专门针对教育管理的大数据政策的困境。现行的大数据应用政策大多侧重于企业和政府层面的数据收集、处理和安全规范，缺乏对教育管理领域的细化规定。

高职院校作为教育机构，拥有不同于企业和政府的管理需求，其数据应用主要涉及学籍管理、教学质量评估、学生行为分析、教学资源优化等多个方面。然而，目前国家或地方层面的政策文件并没有专门针对教育管理中的大数据应用提供细化的操作规范，导致各学校在实践中常常缺乏明确的政策指引。

这种政策上的空白给高职院校带来了实施大数据管理的困扰。一方面，学校在数据采集、存储、分析过程中，无法确定具体的操作边界，容易面临合规风险；另一方面，缺乏教育行业的专业性政策，导致学校在数据应用上的创新受到限制，难以充分发挥大数据的潜力。因此，亟须出台针对教育管理的大数据政策，明确在信息采集、数据分析、隐私保护等方面的具体要求，为高职院校提供清晰的政策框架。

（二）隐私和安全保护政策落实的复杂性

虽然现行的隐私保护和数据安全政策为高职院校提供了宏观的法律框架，但在具体的实施过程中，学校依然面临着政策落实的复杂性，尤其是在大规模数据应用的场景下，如何将这些政策要求细化、落地仍存在一定的挑战。

大数据应用涉及的隐私和安全问题较为复杂，尤其是高职院校在管理过程中，需处理大量学生和教师的个人信息，如学籍、成绩、健康记录、心理状况等敏感数据。尽管《中华人民共和国网络安全法》和《中华人民共和国个人信息保护法》提供了隐私保护的基本要求，但学校在如何具体落实这些政策时，面临一系列技术和管理上的难题。例如，如何确保数据在采集、存储、处理等环节的全流程加密，如何在数据共享和协作中有效控制数据泄露风险，如何在数据处理流程中合理分配权限等问题，都是政策细则落地过程中必须解决的难题。

此外，大规模数据的应用场景下，涉及的技术复杂度较高，学校缺乏专业的技术支持和资源配置，难以确保政策执行的有效性。例如，管理系统的技术基础设施不足、数据安全管理人员的专业技能有限，都加剧了隐私和安全政策在实际执行中的困难。学校在落地这些政策时，不仅需要提升技术能力，还需在管理流程中进行深度调整，形成系统化的安全管理制度，确保数据的安全和合规使用。

高职院校在大数据应用过程中面临着政策支持与规范不足的问题。现行政策多适用于企业和政府，缺乏专门针对教育管理的大数据政策，使得高职院校在实施大数据管理时缺乏明确的指导。而隐私和安全保护政策落实的复杂性也使得学校在实际操作中遇到技术和管理方面的挑战。为了解决这些问题，相关部门应尽快出台专门针对教育管理领域的大数据政策，明确各类数据应用场景的规范要求，同时加强技术支持，帮助学校有效落实隐私保护和数据安全政策，从而促进大数据技术在高职院校中的安全应用和创新发展。

三、对策与建议

（一）遵守国家隐私保护与数据安全法律法规

高职院校在实施大数据教育管理时，必须首先确保所有操作的合法合规性，严格遵守国家隐私保护与数据安全的法律法规。中国的《中华人民共和国网络安全法》和《中华人民共和国个人信息保护法》为数据采集、存储、使用等环节提供了基本的法律框架和要求。

在具体实施过程中，学校需要确保数据处理的每个环节都符合这些法规。例如，数据的采集必须基于合法的授权，特别是涉及学生、教师的个人信息和敏感数据时，必须征得数据主体的明确同意，并告知数据的使用目的和范围。数据在存储和传输过程中，学校需要采用强大的加密技术和安全措施，以防止非法访问、数据泄露或篡改。此外，学校还应确保数据的使用符合“最小必要”原则，即仅收集和使用与特定教育管理目标相关的数据，避免超范围处理或过度采集。通过严格遵守这些法律要求，学校不仅可以保障数据的合法使用，还能够有效防范数据泄露的风险，提升数据安全管理的整体水平。

（二）制定学校内部数据隐私保护政策

在国家法规的基础上，学校还应根据自身的实际需求，制定符合学校情况的内部数据隐私保护政策，以确保数据管理的规范化和细化操作。这一政策应明确数据的收集、使用、共享、存储和销毁等环节的具体流程和规定，确保所有数据处理行为均在合法、合理的框架内进行。

学校的内部数据管理政策应包括详细的规定，例如：哪些类型的数据需要收集、如何获得数据主体的授权、数据的存储时限、数据共享的条件以及如何在数据不再需要时进行销毁等。这些规定不仅可以规范日常的数据处理活动，还能为教职员工提供清晰的操作指引，减少因误操作而导致的数据安全问题。此外，学校应定期更新这些政策，以确保其符合最新的法律要求和技术发展趋势。通过制定和执行严密的内部隐私保护制度，学校能够为大数据的安全应用奠定坚实的管理基础。

（三）推动行业标准和政策的出台

高职院校还应积极参与并推动行业标准和政策的出台，以促进大数据在教育管理领域的规范化使用。虽然目前已有一些针对数据隐私和安全的宏观法规，但针对教育领域大数据应用的细化标准和政策仍然缺乏。

学校可以通过与教育主管部门、行业协会、技术提供商等多方合作，共同探讨大数据在教育管理中的应用标准，推动细化政策的出台。例如，制定针对高职院校的标准化数据收集和共享流程，明确各类数据的管理要求与安全级别，为学校提供更具操作性的规范。此外，学校还应积极参与地区或全国范围内的政策讨论，分享在大数据管理中的实践经验，为政策制定提供反馈和建议。通过积极推动政策和标准的完善，学校不仅可以提升自身的数据管理水平，还能够为整个教育行业的大数据规范化应用贡献力量。

（四）加强校内数据治理机制建设

为确保大数据应用的安全和合规性，学校还需加强校内的数据治理机制建设。建立数据治理委员会或工作组，专门负责监督大数据的使用情况，确保数据管理过程中的合法性和合规性。

数据治理委员会应具备多方面的职能，包括制定和监督数据隐私保护政策的实施、定期评估数据管理过程中存在的风险、开展数据安全审计，以及制定数据使用的应急预案等。该委员会还可以为学校的数据使用提出建议，帮助优化数据管理流程，降低潜在的法律和运营风险。通过建立健全的数据治理机制，学校能够确保在大数据应用的各个环节都保持高度的安全意识和合规操作意识。

在大数据教育管理的应用过程中，高职院校必须采取多层次的对策与建议，以确保数据的安全与合法使用。学校需要严格遵守国家隐私保护与数据安全法律法规，并在此基础上制定符合实际的内部数据隐私保护政策，规范数据处理的具体流程。同时，学校应积极推动行业标准和政策的出台，为大数据在教育管理领域的规范化应用提供支持。最后，通过加强校内数据治理机制建设，建立专门的监督和管理机制，确保数据管理的合法性、透明性和安全性，进而促进大数据技术在教育管理中的健康发展。

第七章　大数据在学生管理工作中的具体应用

高职院校的学生管理工作正在从传统的经验式管理逐步转向数据驱动的精细化管理。大数据技术的应用，使得学校能够通过分析学生的学习行为、生活习惯、心理状态等多维度数据，实施更加精准和个性化的管理方案。这不仅提高了学生管理的效率，还为学生的学业支持和个人发展提供了强有力的依据。

第一节　大数据与高职学生日常教学管理

一、大数据在学生日常教学管理中的作用

（一）实时跟踪学生学习进度

大数据技术的应用使得高职院校能够通过学习管理系统（LMS）和大数据平台实时跟踪学生的学习进度。这些系统能够自动记录学生的学习行为，包括出勤率、作业完成情况、课堂参与度等多种数据，帮助教师和管理者全面了解学生的学习状态。

具体来说，每个学生在课堂上和课后的学习活动都可以通过大数据系统得到细致记录和分析。例如，系统会自动记录学生是否按时提交作业、是否参与课堂讨论、在线学习的时间和频率等，并形成学习轨迹。通过这些数据，教师能够直观了解学生的学习投入程度和知识掌握情况，并及时发现潜在问题，如某位学生出勤率较低或作业未按时提交，系统将自动发出提醒，帮助教师和辅导员及时采取干预措施，确保学生的学习进度不会滞后。

这种基于大数据的实时跟踪功能不仅提高了管理的精准度，还提高了教育管理的效率，确保每个学生都能在学习过程中得到及时关注和支持。

（二）学生成绩数据的动态分析

大数据技术的另一个关键作用在于对学生成绩的动态分析。通过收集和分析学生在各个学科的考试成绩、作业得分、课堂表现等多维度数据，学校可以准确把握每个学生的学习水平和知识掌握情况，并通过趋势分析及时发现学习中的问题。

传统的成绩评估方式通常局限于考试成绩的单一维度，而大数据技术则能够综合分析学生的课堂表现、平时作业、实验报告等多种数据，提供更加立体化的学业评估。通过动态分析，学校可以发现学生在某一学科或特定学习阶段的成绩波动。例如，某个学生在某学科中的考试成绩持续下滑，大数据系统可以通过对作业完成情况、课堂表现等因素的综合分析，提示教师该生在该科目可能存在理解困难或学习习惯问题。

动态分析不仅帮助学校及时发现学生的学习问题，还为管理者提供了数据支持，优化教学安排和课程设计，确保学生的学习成果得到持续提升。

（三）个性化学习建议与反馈

基于对学生学习数据的分析，大数据系统能够为每个学生提供个性化学习建议与反馈，以帮助其更有针对性地提升成绩和学习能力。这种个性化服务是传统教学管理难以实现的，但在大数据技术的支持下，已成为可能。

系统会根据每个学生的学习表现，推荐相应的学习资源、课程选择和补习计划。例如，如果某个学生在某科目的成绩连续下降，系统会根据其学习行为分析，生成一份个性化的学习计划，推荐补习课程、在线资源或教材，帮助学生提升该科目的理解和应用能力。此外，系统还可以推荐更加具有挑战性的学习材料，帮助其进一步深化学习内容。

这种个性化反馈不仅增强了学生的学习体验，也提高了教学的针对性和有效性。通过个性化的学习建议，学生能够根据自身需求调整学习策略，教师也能为每位学生提供更加精准的指导。

大数据在高职院校的学生日常教学管理中发挥了关键作用，提升了教学管理的效率和精准性。通过实时跟踪学生的学习进度，学校能够全面了解学生的学习状态，及时发现学习中的问题；通过学生成绩数据的动态分析，学校可以更深入地了解学生的学习水平变化，并据此优化教学方式；通过个性化学习建议与反馈，大数据系统能够为每个学生提供量身定制的学习建议，帮助其更有针对性地提升学习效果。这些功能不仅使教学管理更加科学和高效，还大幅提升了学生的学习体验和成绩。

二、教学过程中的数据采集与管理

（一）课堂数据的智能采集与反馈

随着物联网技术和智能设备的普及，课堂数据的智能采集与反馈已成为大数据在教学管理中的核心应用之一。利用智能教室、电子课表等设备，学校可以自动记录学生的课堂出勤、座位安排、课堂互动等多维度数据，并通过大数据平台进行实时反馈。

在智能教室中，学生通过刷卡或人脸识别系统进行签到，系统自动记录出勤率。课堂期间，智能设备还可以采集学生的座位安排、课堂参与度、师生互动情况等信息，形成学习行为数据。例如，传感器可以检测学生的注意力分布、提问次数、参与讨论的频率等。所有这些数据都被实时上传到大数据平台，供教师和学校管理者分析使用。

基于这些数据，系统能够提供即时反馈，帮助教师了解学生的学习参与状况，并根据学生在课堂中的表现做出教学调整。例如，如果系统检测到某一班级的课堂互动较低，教师可以调整授课方式，增加互动环节以提高学生的参与度。这种智能数据采集不仅提高了课堂管理的效率，还为教学决策提供了科学依据，确保教学活动能够根据实时数据进行优化。

（二）作业与考试数据的自动分析

大数据平台还可以对作业与考试数据进行自动分析，帮助教师了解学生的学习效果，发现教学中的问题，并提供改进建议。

通过数据平台，教师可以分析学生在作业中的表现，系统自动记录每个学生作业的完成时间、正确率、错误类型等。基于这些数据，平台能够识别出学生在某些知识点上的理解不足。例如，某位学生在作业中反复出现相同类型的错误，系统可以生成详细报告，帮助教师识别学生的弱项，并为其提供针对性的辅导方案。

考试数据分析功能也大幅提高了教学反馈的效率。大数据平台可以自动处理学生的考试成绩，分析各题型的正确率、各个班级的总体表现等，识别出学生在某些学科或知识点上的薄弱环节。通过这些分析，教师能够及时调整教学重点，强化学生在某些知识领域的学习。此外，平台还可以为教师提供教学改进建议，例如调整作业布置的频率或类型，针对常见的错误进行集体辅导，优化教学内容的安排和节奏。这种数据分析不仅帮助教师更精准地了解学生的学习情况，还能通过数据反馈有效提升教学质量。

大数据技术在教学过程中的数据采集与管理极大地提高了课堂教学和学习评价的效率。通过物联网和智能设备，课堂数据的采集变得更加精准和实时，系统能够自动记录学生的课堂参与情况并形成实时反馈。作业和考试数据的自动分析帮助教师迅速掌握学生的学习进展，识别学习中的薄弱环节，并为教学调整提供数据支持。这些数据采集与分析功能不仅使教学管理更加高效科学，还为个性化教学和教学质量提升提供了重要的工具。

三、学生学习行为的预测与预警

（一）学业预警系统的建立

在高职院校的教育管理中，建立学业预警系统是大数据技术应用的一个重要方向。通过对学生的历史成绩、出勤率、学习参与度等数据进行建模分析，学校可以有效预测学生的学业表现，及时发现那些可能面临学习困难的学生，并发出预警信号，方便教师和管理者采取及时的干预措施。

学业预警系统基于大数据平台，能够综合分析大量与学生学习相关的数据。例如，某些学生的出勤率逐渐下降、考试成绩波动较大、课堂参与度低等，系统会将这些信息与历史数据进行比对，并通过机器学习模型预测未来的学业风险。如果某位学生的学业表现可能出现持续下滑，系统会自动发出预警，提醒辅导员或教师进行针对性的沟通与支持。

这种基于数据分析的预警系统，不仅能够帮助学校提前发现潜在的学业问题，还能有效降低辍学率和不及格率。通过及早干预，教师可以帮助学生及时调整学习计划，提供个性化辅导或心理支持，确保学生能够顺利完成学业。

（二）学习习惯与学习效果的关联分析

大数据技术还可以用于对学生学习习惯与学习效果的关联分析，帮助学生优化学习方法，提升学习效率和成绩。通过对学生学习行为的持续跟踪与分析，系统能够识别出哪些学习习惯有助于学生取得更好的学业成绩，从而为学生提供数据支持的改进建议。

系统会收集学生的学习时间分布、在线学习时长、作业提交时间、复习频率等行为数据，并将这些数据与学生的考试成绩和课堂表现相结合，进行深入分析。例如，系统可能会发现那些每天按时完成作业、定期复习的学生往往在考试中表现较好，而那些学习时间不规律、学习投入较低的学生则容易成绩波动。通过这些分析，系统可以为学生生成个性化的学习报告，指出其学习方法中的不足。例如，系统可能会建议某位学习成绩不理想的学生增加复习频率、提前完成作业或减少课堂外干扰。这种基于数据的学习建议能够帮助学生调整不良学习习惯，找到最适合自己的学习方法，进而提升学习效果和学业成绩。

学生学习行为的预测与预警系统是大数据技术在教育管理中的一个重要应用。通过学业预警系统，学校能够预测学生的学习风险，及早发现潜在的学业问题，帮助教师进行干预，确保学生顺利完成学业。同时，学习习惯与学习效果的关联分析为学生提供了数据支持的学习建议，帮助他们改进学习方法，提升学习成绩和学习效率。大数据驱动的这些功能，不仅增强了学校的教育管理能力，还帮助学生在学业发展中取得更好的成果。

第二节　大数据与高职学生实习管理

一、实习过程数据的全面管理

在当前的大数据时代，实习过程的管理不仅仅局限于传统的手工记录和简单监督，而是逐渐向智能化、动态化方向发展。通过大数据技术的应用，可以实现对学生实习过程的全方位、实时管理，使管理者能够对每个实习生的表现了如指掌，同时也为学生提供更加精准的反馈和指导。

（一）实习数据的动态采集与跟踪

大数据技术为实习管理提供了一个全新的视角。通过整合实习生的出勤记录、任务完成情况、企业反馈等多维度数据，构建了一个全面的实习追踪系统。每个实习生的每日工作情况都能够被实时采集，并自动生成数据报表。这不仅提高了信息的透明度，还使得管理者能够及时掌握实习生的动态，帮助他们更好地调整实习任务，避免工作进展滞后。同时，企业反馈数据的纳入也使得学校能够对学生的表现进行多角度评估，确保学生获得更多实习经验积累和实际技能提升。

（二）实习任务与进度的自动化管理

大数据平台还支持实习任务的自动化分配与进度管理。每个学生根据实习计划被自动分配相应的任务，并且系统会动态跟踪任务的完成情况。如果某个任务未能按时完成，系统可以发送提醒并给出合理的调整建议，确保实习生按照计划有序推进。同时，管理者也能够通过平台的可视化工具直观地查看每位实习生的进度状态，从而作出相应的安排和调整。这种自动化管理方式不仅大幅减少了人力资源的消耗，还提升了实习管理的效率，使得管理工作更加科学和系统化。

二、大数据在实习匹配中的应用

随着科技的不断进步，特别是大数据技术的飞速发展，实习匹配过程也发生了根本性变革。传统的实习分配模式往往依赖于人工经验和简单的岗位信息匹配，难以充分考虑学生的个性化需求与企业的实际岗位要求。而通过大数据技术的应用，实习匹配过程变得更加智能化和高效，能够更好地满足学生和企业双方的需求。

（一）基于大数据的实习岗位精准匹配

实习作为学生从校园走向职场的过渡阶段，其核心意义在于帮助学生积累实际工作经验，提升专业技能，并为未来的职业发展打下基础。如何为学生匹配合适的实习岗位，关系到实习的成效和学生的职业发展路径。而大数据技术的引入，极大地提升了这一过程的精确性和效率。

通过对学生的个人数据进行分析，包括他们的专业背景、学习成绩、职业兴趣、个性特长等，学校可以全面了解每个学生的特点和优势。例如，对于计算机科学专业的学生，学校不仅能够掌握他们的专业知识水平，还能够通过分析他们参加的课外活动、科研项目、实习经历等，了解他们的实际技能水平和职业兴趣。此外，性格测试数据、职业测评结果等也可以作为重要参考，帮助评估学生适合的工作环境和岗位类型。

与此同时，企业的岗位需求信息也可以通过大数据平台进行系统化管理。这不仅包括企业发布的职位描述和要求，还可以纳入更多维度的信息，如岗位未来的发展前景、团队工作氛围、企业文化等。通过这些信息的深度分析，学校和企业可以共同实现智能化的岗位匹配。比如，当一个企业需要一名有数据分析能力、沟通能力强且具有团队协作精神的实习生时，系统能够从学校数据库中筛选出符合这些条件的学生，并推荐给企业。这样，实习岗位与学生个人特质、技能水平的契合度得到了极大的提升，实习过程将更具价值。

通过大数据进行实习岗位的精准匹配，不仅可以为学生提供更加个性化的实习机会，还能显著提高企业对实习生的满意度。学生能够在实习期间得到真正适合自己的工作经历，在提升专业技能的同时，也能为今后的职业选择打下良好基础。而企业则能够找到符合其岗位需求的实习生，降低培养和管理的成本，提高整体招聘效率。

（二）实习需求与行业趋势分析

大数据技术的另一个重要应用是帮助学校和学生了解当前的实习市场和行业趋势。通过对大量行业数据的采集和分析，学校可以掌握不同行业的岗位需求变化，提前为学生规划合适的实习安排。同时，学生也能够根据这些数据更好地把握行业趋势，选择与自己未来职业方向更加契合的实习岗位。

在现代经济环境中，不同行业的发展速度和方向可能会有显著差异。传统的实习安排模式，往往难以快速响应市场变化，导致学生的实习内容与实际行业需求脱节。而通过大数据分析，学校可以实时掌握行业动态。例如，当前互联网行业的发展速度较快，市场对软件开发、数据分析等岗位的需求持续增加。通过分析这些趋势数据，学校可以根据学生的专业和技能背景，调整实习计划，优先推荐这些高需求岗位，确保学生能够获得有价值的实践机会。

此外，大数据还可以帮助学校和企业分析特定岗位的技能要求变化趋势。随着技术的进步，企业对人才的技能要求也在不断变化。例如，过去市场对基本编程技能的要求较高，而如今，随着人工智能和大数据技术的崛起，企业对数据处理和机器学习相关技能的需求正在增加。通过大数据分析，学校可以实时掌握这些变化，并有针对性地调整课程和实习安排，确保学生的技能符合市场需求。

对于学生而言，了解行业趋势同样至关重要。在选择实习岗位时，很多学生可能会感到迷茫，不知道哪些行业具有更好的发展前景，而哪些岗位的竞争较为激烈。通过大数据平台，学生可以查阅各行业的就业数据，包括岗位需求、薪资水平、发展空间等，从而帮助他们做出更加明智的实习选择。例如，通过分析不同行业的实习需求变化，学生可以了解哪些行业的实习岗位供需平衡较好，哪些领域的岗位需求呈现上升趋势，从而将自己的实习目标锁定在未来发展潜力较大的领域。

除了帮助学生选择实习岗位外，大数据还可以为学生的职业规划提供长远参考。例如，通过分析各行业的招聘数据，学生可以了解到在未来几年内，哪些职业可能会出现大量人才缺口，哪些职业则可能会逐渐饱和。通过这种方式，学生可以在实习过程中积累与未来职业方向相契合的工作经验，让自己在竞争激烈的职场中占得先机。

总之，大数据技术在实习岗位匹配中的应用，不仅提高了实习岗位与学生个性化需求的匹配度，也为学校和学生提供了强大的数据支持，帮助他们更好地把握行业趋势和市场需求。通过大数据分析，实习过程变得更加精准、高效，不仅有助于学生在短期内提升实践能力，也为他们的长期职业发展提供了有力保障。

三、实习质量的智能评价与反馈

实习是学生走向职业生涯的关键环节，它不仅为学生提供了宝贵的实践机会，也为企业提供了考察和培养潜在人才的机会。然而，如何全面、客观地评估实习质量，帮助学生在实习过程中不断提升自己，是一个复杂而重要的任务。传统的实习评价模式多依赖于企业的主观反馈和学生的自我报告，缺乏系统性和全面性。而借助大数据技术，实习质量的智能评价与反馈不仅能够更加精准地反映学生的实际表现，还能提供更有针对性的改进建议，从而提升实习的整体效果。

（一）企业反馈与学生表现的智能分析

企业在学生实习期间的反馈往往是评估学生实习表现的重要依据。然而，传统的反馈方式通常是企业在实习结束后进行的总体评价，可能缺乏具体的细节和过程数据，这样的反馈往往对学生的成长帮助有限。企业的反馈可以通过自动化的方式进行收集和分析，结合学生在实习过程中的具体表现，生成更加详尽和精准的实习质量报告。

首先，大数据平台能够从企业方获取更为细致的反馈数据。企业不再仅仅对学生的整体表现做出笼统的评价，而是能够对其在实习期间的各个方面进行具体反馈，如工作态度、团队协作能力、任务完成情况、专业技能应用情况等。这些反馈数据通过大数据平台自动汇总和整理，形成结构化的数据集合，便于后续的智能分析。

同时，学生在实习期间的表现数据也会被动态采集和记录。这些数据不仅包括学生的工作时间、任务完成度等基础信息，还可能涵盖更多行为数据，例如项目的推进速度、与团队的沟通频率、工作中的问题解决能力等。通过对这些数据的多维度分析，系统可以更全面地掌握学生在实习过程中的实际表现，并与企业反馈数据相互验证。

接下来，大数据平台通过智能算法对企业反馈和学生表现等数据进行分析和评估。系统可以根据不同行业、岗位的标准，生成个性化的实习质量报告。报告中不仅会包含对学生实习表现的定量评价，如完成任务的效率、达成目标的情况等，还会结合企业反馈，提供定性分析，指出学生在哪些方面表现突出，哪些方面仍有待提高。例如，系统可能会指出某位学生在技术能力上表现出色，但在团队合作方面尚需加强，或某学生在沟通能力上表现优异，但在处理复杂任务时略显不足。

通过这种全面、智能的分析，学生能够清晰地看到自己的优势与不足，从而在今后的学习和工作中有针对性地提升自己。此外，学校和企业也能够通过这些报告对实习项目进行调整和优化，确保每个学生都能获得最大的成长空间。

（二）实习过程中问题的预警与调整

实习期间，学生可能会遇到各种问题，如工作压力大、适应困难、任务完成度低等，而这些问题如果不能及时发现并解决，可能会影响实习效果，甚至导致学生在实习中途放弃。传统的实习管理模式往往依赖于学生主动报告问题或是企业发现并通知学校，信息传递的滞后性使得许多问题得不到及时处理。而大数据技术使得实习过程中的问题可以被实时监控，并在问题出现前给出预警，从而便于学校、企业和学生及时调整。

通过大数据分析，平台能够实时监测学生的实习进度与表现。例如，如果某名学生在一段时间内的任务完成度明显低于平均水平，或是出现多次未按时提交任务的情况，系统将自动识别出这一异常情况，并发出预警。预警信息不仅会发给学生本人，还会同步通知学校和企业的管理人员，便于他们共同分析问题的根源并采取相应的调整措施。

此外，系统还可以结合历史数据和其他学生的表现进行对比分析，识别出潜在的适应性问题。例如，如果系统发现某个学生在实习初期的任务完成度正常，但随着时间的推移，表现逐渐下滑，这可能表明该学生正在经历适应困难或工作压力。通过这种数据驱动的分析，学校和企业能够提前介入，为学生提供支持，如调整任务负荷、提供额外的辅导或建议，帮助学生渡过实习中的难关。

大数据平台不仅能够对单个学生进行个体分析，还可以通过群体数据的分析发现普遍存在的问题。例如，如果某一类实习岗位上的学生普遍表现出任务完成度低、反馈较差的情况，系统可以识别出这一趋势，并建议学校对该类岗位的实习安排进行调整，如重新设计实习任务、加强前期培训等。

除了对学生表现的监控，系统还能够对企业的反馈频率和质量进行跟踪。如果某些企业在实习期间的反馈较为滞后或缺乏详细数据，系统也会发出提示，提醒企业按时提供反馈，从而确保评价过程的及时性和全面性。通过这种双向监控机制，学生的实习表现和企业的反馈能够保持高度同步，减少信息延迟带来的不必要问题。大数据技术在实习质量评价与反馈中的应用，不仅改变了传统的评价方式，还极大地提升了实习管理的效率与精准度。通过企业反馈与学生表现的智能分析，学生能够获得更加详细的实习质量报告，帮助他们了解自己的优势与不足，明确今后的改进方向。而通过实时数据监控和预警系统，学生在实习过程中遇到的问题能够得到及时发现和解决，确保实习过程的顺利进行。

未来，随着大数据技术的进一步发展，实习质量评价体系将变得更加完善和智能化，实习管理的透明度和公平性也将进一步提高。这不仅有助于学生职业技能的提升，也为企业培养和发掘人才提供了强有力的支持。在这种智能化的评价与反馈体系下，实习将成为学生与企业之间更加紧密、有效的桥梁，为双方带来更多的机遇和价值。

第三节　大数据与高职学生思想管理

一、学生思想动态的多维数据采集

现代教育已经逐步进入大数据时代，尤其在思想政治教育和学生管理方面，数据驱动的模式正在逐步替代传统的经验式管理。学生的思想动态往往是一个复杂且多变的过程，受到多方面因素的影响。为了更好地理解和掌握学生的思想动态，学校不仅需要从课堂表现、社交互动等行为层面入手，还要结合学习成绩、校园活动参与等多维数据进行全面分析。通过多维数据采集与关联分析，教育工作者可以更加精准地掌握学生的思想状况，及时发现潜在的问题，提供有针对性的指导和帮助。

（一）思想动态与行为数据的关联分析

学生的思想状态通常与其日常行为紧密相关。通过对学生的行为数据进行深入分析，教育工作者可以初步了解学生的思想倾向，并通过动态监测来掌握学生思想变化的趋势。例如，学生的课堂参与度、课后作业完成情况、课堂纪律表现等都是重要的行为数据，通过这些数据可以直观地反映出学生在学习过程中的态度和情绪变化。

首先，课堂参与度是反映学生思想活跃程度的一个重要指标。如果某个学生经常在课堂上主动发言、参与讨论，那么他可能对当前的学习内容或社会问题抱有较高的关注度，思想相对活跃。而如果某个学生长期表现出低参与度，甚至有缺勤现象，这可能表明其在思想上存在一定的懈怠或问题，如学习压力过大、对所学内容失去兴趣等。通过学习成绩与出勤数据的结合分析，学校可以识别出哪些学生在思想上存在潜在的风险，并进行适时的心理疏导或思想教育。

其次，学生的社交行为也可以反映其思想状态。如今，学生的社交行为不仅限于现实生活中的交流，还包括在社交媒体上的互动和表达。通过分析学生的社交网络、朋友圈、线上社交平台上的言论和互动频率，可以更好地理解他们在思想层面上的关心点和倾向。例如，某个学生经常在社交平台上分享与社会热点问题相关的内容，且其互动频繁，这可能说明他在政治、社会问题上有较强的关注和思考能力，思想活跃度较高。而如果某个学生社交互动稀少，甚至在社交平台上长期处于低活跃状态，可能意味着他在人际交往或思想交流方面存在问题，值得学校进一步关注。

除了社交行为，学习成绩也是反映学生思想动态的关键因素。成绩的波动往往伴随着学生思想状态的变化。通过将学生的学习成绩与其日常行为数据结合起来进行关联分析，可以发现一些隐性问题。例如，某个学生的成绩突然下滑，且在课堂表现上出现明显的消极态度，这可能意味着他在思想上受到了一定的困扰，可能是由于家庭、朋友或其他社会因素导致的。而通过这种多维度的关联分析，教育工作者可以尽早发现学生思想动态中的潜在问题，及时进行干预和指导。

（二）利用校园活动数据监测思想动态

校园活动是学生生活的重要组成部分，也是反映学生思想状态的重要维度之一。通过分析学生参与校园活动的情况，学校可以了解学生的思想活跃度、集体意识和社会责任感等多个方面，从而更加全面地把握其思想倾向。

首先，学生的校园活动参与情况是衡量其思想活跃度的重要指标。活跃参与校园活动的学生，往往具备较强的集体意识和社会责任感，他们对集体和社会的关注度较高，思想状态积极向上。例如，一个经常参与志愿服务的学生可能更具备社会责任感和奉献精神，其思想倾向更加积极。而对于那些长期不参与校园活动的学生，可能存在思想懈怠或缺乏集体意识的问题，这需要学校进行进一步的引导和关注。

通过分析学生参与的具体活动类型，学校可以进一步了解他们的兴趣点和思想领域。例如，一些学生偏好参与文化艺术类活动，这表明他们在思想上对文艺、创造力等领域有较高的关注和兴趣；而一些学生则更倾向于参与社会实践、志愿服务等活动，这说明他们对社会问题和公共服务有较强的认同感和责任感。通过这些活动数据的深入分析，学校可以更加精准地掌握学生的思想领域，并根据其兴趣和思想倾向，提供相应的思想引导和教育内容。

其次，学生在校园活动中的表现也是重要的参考因素。例如，一名学生在校园社团中担任领导职务且表现突出，这往往反映出其具备较强的领导能力和团队合作精神，思想上也有一定的自主性和责任感。而另一名学生虽然参与了活动，但表现相对消极，可能在活动过程中缺乏主动性和积极性，这也可能说明其在思想上存在一定的困惑或消极态度。

另外，校园中的集体活动，如运动会、社团活动日、班级集体活动等，也能够很好地反映学生的集体意识和思想活跃度。通过这些数据的分析，学校能够识别出哪些学生具备较强的集体荣誉感和社会责任感，并对那些表现出孤立或不合群的学生进行针对性教育和引导，帮助他们更好地融入集体生活，提升思想认同感和积极性。

总之，通过多维度的数据采集和分析，学校可以更加全面地掌握学生的思想动态。这不仅有助于及时发现学生在思想上可能存在的问题，还能够为思想政治教育提供更为科学的依据。大数据技术使得学生的思想动态不再是一个抽象的概念，而是可以通过具体的数据进行量化和分析。未来，随着数据技术的进一步发展，学校可以借助更加精准和全面的数据分析手段，更好地服务于学生的思想政治教育和全面发展。

二、心理健康与思想管理的结合

在现代教育中，学生的心理健康问题越来越受到重视。随着社会竞争加剧、学习压力增加，学生在学习和生活中所面临的心理困扰也逐渐增加。而心理健康与思想管理是密不可分的两大方面，心理状态的波动往往影响着思想情绪的变化，反之亦然。

因此，将心理健康数据与思想管理相结合，通过大数据的手段进行深度分析与预警，能够帮助学校更有效地了解学生的思想和心理状况，从而进行及时干预，防止问题进一步恶化。大数据技术为这种结合提供了强大的技术支持，使得心理健康与思想动态管理的系统化、科学化成为可能。

（一）心理健康数据的分析与思想管理

心理健康数据的采集与分析为学校管理者提供了一个全新的视角，帮助他们更好地理解学生的内心世界。传统的心理健康管理方式主要依赖于心理测评问卷和定期的心理咨询，但这些方式往往过于被动，无法及时发现学生的潜在问题。而通过大数据技术，学校可以将学生的心理健康数据（如心理测评结果、心理咨询记录等）与行为数据、思想动态数据相结合，从多维度对学生的整体心理状态进行全面的分析和追踪。

首先，心理问卷是常见的心理健康评估工具，通过定期对学生进行心理健康测评，学校能够初步了解学生的心理状况。然而，单纯依赖问卷往往难以揭示学生心理问题的全貌，尤其是对于那些不愿意主动暴露自己心理困惑的学生。通过将心理测评数据与其他行为数据结合，大数据平台能够更精准地发现学生的心理变化。例如，如果某个学生在心理问卷中得分较低，表现出焦虑、抑郁等倾向，同时该学生在课堂上的参与度下降、社交互动减少，这些数据结合起来可以帮助学校判断该学生的心理问题可能较为严重，值得进一步关注和干预。

心理咨询记录也是重要的数据来源。对于接受过心理咨询的学生，咨询师的记录往往能够反映学生的情感困扰、学习压力以及人际关系问题。通过大数据分析，学校可以在不侵犯学生隐私的前提下，提取出学生群体中普遍存在的心理健康问题，帮助学校在思想教育和管理方面做出相应的调整。例如，如果一段时间内较多的学生反映由于学业压力产生焦虑情绪，学校可以针对这一情况进行调整，如减轻学生课业负担、增加心理辅导课程等，以帮助学生更好地应对学业压力。

此外，行为数据和思想动态信息的结合也为学校提供了全面了解学生思想状态和心理健康状况的契机。例如，学生的出勤情况、课堂表现、社交活动参与度等都是反映其心理健康的重要指标。一个长期缺勤、成绩下滑、与同学交流减少的学生，往往在心理上存在一些问题，如社交障碍、学习压力过大等。这些行为变化可能是学生思想状态变化的表象，而通过对这些数据的深入分析，学校可以更好地理解这些行为背后的心理动因，从而进行更有针对性的思想引导和心理疏导。

（二）思想问题的预警机制

在学生管理和思想教育中，及时发现和解决问题是关键，而大数据技术的应用为实现这一目标提供了强大的技术支持。通过大数据平台，学校能够对学生的思想波动、心理问题进行实时监控和预警，提前识别出可能存在的思想困惑和心理困扰，从而避免问题进一步恶化。

首先，大数据可以通过对学生情绪波动的分析，及时发现学生思想上的变化。例如，学生在日常学习、生活中可能会表现出一些微妙的情绪变化，这些变化有时较难通过肉眼观察到。但通过对学生行为数据的分析，如情绪化的社交媒体发言、频繁的情绪波动（如突然的情绪低落或过度兴奋），系统可以识别出潜在的情绪问题。特别是当这些情绪波动与学生的日常行为表现（如成绩波动、出勤异常等）相结合时，学校可以通过预警机制，提前了解学生可能正在经历的心理困扰，并进行适当的干预。

此外，异常行为也是判断学生思想和心理问题的重要依据。例如，一个平时表现活跃的学生突然变得沉默寡言，减少了与同学的交流，同时在校园活动中的参与度下降，这种行为变化可能表明该学生在思想上遇到了困惑或心理上出现了问题。大数据平台能够通过分析这些异常行为，为管理者提供预警信号。例如，如果某个学生在短时间内多次缺勤，或者作业完成率急剧下降，系统将向学校管理者发送警报，提示该学生可能存在学业压力过大、心理压力增大的问题。通过这样的预警机制，学校可以在问题爆发前进行干预，如安排班主任与学生进行谈话，或推荐其参加心理咨询，避免问题进一步恶化。

大数据的优势不仅体现在个体层面的预警，还可以在群体层面识别出趋势性问题。例如，系统可以分析一段时间内全校学生的情绪波动情况，识别出一些共性问题。如果大量学生在某个时段表现出情绪低落，系统可以进一步分析该时期是否存在导致学生普遍情绪波动的事件，如考试压力、社会热点问题等。通过这种群体预警机制，学校可以及时调整教学安排或举办心理健康讲座，帮助学生度过情绪波动期，确保思想状态的稳定。

这种基于大数据的思想问题预警机制，极大地提升了学校思想政治教育的效率和精准度。传统的思想管理更多依赖于教师的主观判断，难以做到全面、实时地监控。而通过大数据技术，学校不仅可以实时监测学生的思想动态，还能够通过数据分析提前发现问题，做到防患于未然。这样，学校可以在第一时间介入，避免思想问题与心理问题的叠加效应，确保学生的心理健康与思想发展同步进行。

心理健康与思想管理的结合，标志着学生管理进入了一个更加科学化、数据化的时代。通过大数据技术的应用，学校能够更全面地掌握学生的思想和心理状态，并通过预警机制及时发现潜在问题，提供个性化的干预与指导。这不仅有助于提升学生的心理健康水平，还能够帮助他们更好地面对学习和生活中的挑战，确保他们在思想上保持积极向上、健康发展的态势。未来，随着大数据技术的进一步发展和应用，心理健康与思想管理的结合将变得更加精准和高效，为学校的思想政治教育提供更加有力的支持。

三、基于数据的思想政治教育个性化方案

在现代社会，思想政治教育面临着新的挑战。学生的个性化需求日益增加，思想多元化、价值观多样化的趋势使得传统的“一刀切”思想政治教育模式难以满足所有学生的思想需求。为了应对这种情况，现代教育逐渐借助大数据技术，通过对学生的思想、行为、心理等多维数据进行全面分析，制定个性化的思想政治教育方案。这不仅增强了思想教育的针对性和有效性，也使得教育者能够更精确地关注每个学生的思想状态，提供及时和个性化的指导与帮助。

（一）个性化思想教育内容推送

个性化思想政治教育的核心在于为不同思想倾向、心理状态和成长阶段的学生提供适合其需求的教育内容和指导方式。通过大数据技术，学校可以对学生的思想动态进行实时追踪和分析，并根据这些数据提供个性化的思想政治教育内容推送。

首先，大数据平台可以通过对学生学习、生活、社交等各类行为数据的分析，判断出学生当前的思想状态。例如，一个学生的社交网络活动、学习参与度、校园活动参与情况等，能够反映其在思想和情感上的倾向。如果某个学生在社交平台上频繁讨论社会问题，并表现出强烈的兴趣，系统可以推送与其关注点相关的思想政治教育内容，如社会热点话题的分析、时事评论等。通过这些内容推送，学生能够获得与其思想动态相契合的教育资源，从而提升思想政治教育的效果。

其次，对于在学习和生活中表现出焦虑、压力等心理问题的学生，思想政治教育的推送内容可以更加注重心理疏导和关怀。通过对学生心理健康数据的分析，学校可以识别出那些可能面临心理困扰的学生，并为他们定制推送一些与心理调适、压力管

理等相关的思想政治教育内容。同时，学校还可以通过这些内容引导学生参与心理健康课程或寻求专业的心理辅导，帮助他们更好地面对生活中的压力。

例如，如果某个学生的行为数据表明他近期参与校园活动减少，课堂表现也有所下降，这可能暗示其情绪状态或思想上遇到了困惑或压力。此时，大数据系统可以推送一些励志类文章、正能量故事或针对性的心理健康指导文章，帮助该学生调节情绪，增强其对生活和学习的积极性。同时，系统还可以推荐相关的思想政治教育课程，帮助学生加强自我认知和社会责任感，提升思想政治素质。

此外，个性化推送也可以根据学生的思想成熟度来进行。例如，对于思想意识较为成熟、对社会问题有深入思考的学生，学校可以推送一些更具深度的政治理论、社会学评论等，帮助他们进一步拓宽思想视野，培养独立思考的能力。而对于思想意识尚不成熟的学生，推送的内容则可以更加基础，注重思想政治理论的普及和价值观的引导，以帮助他们树立正确的人生观和世界观。

（二）学生思想管理的精细化与差异化

在思想政治教育过程中，不同学生的思想动态存在差异，因此实施精细化和差异化管理是提升思想政治教育效果的关键。通过大数据分析，学校可以对学生的思想变化进行更为精准的管理，从而制定出更具针对性的教育策略。

首先，大数据技术可以帮助教育工作者全面掌握学生的思想变化轨迹，并根据这些变化实施动态管理。例如，某个学生在特定时间段表现出思想上的波动，如对学习的态度出现变化或在课堂中的表现变得消极，系统可以及时发出预警，并通过数据分析找出问题的根源。学校可以根据学生的具体情况采取个性化的思想引导措施，避免问题的进一步发展。这种精细化管理不仅能够及时发现问题，还能够根据学生的具体情况迅速做出调整和应对，提高教育的针对性。

其次，差异化管理可以针对不同学生的思想需求，设计出更具个性化的教育方案。例如，一些学生可能在学习压力、就业焦虑等方面表现出困扰，而另一些学生可能在社会责任感、价值观取向等方面存在困惑。通过大数据的精确分析，学校能够为每个学生量身定制思想教育方案，区分不同层次的需求。对于那些面对就业压力的学生，学校可以通过推送与职业规划、社会责任相关的教育内容，引导他们树立正确的职业观。而对于那些在社会责任感或集体意识方面表现欠缺的学生，学校可以加强对其公民意识、集体荣誉感的培养，推送相关的思想教育课程，帮助他们树立正确的社会价值观。

同时，大数据分析还可以帮助学校识别出不同群体学生的共性问题，并实施有针对性的群体性思想政治教育。例如，通过对数据的聚类分析，学校可以识别出某个班级或年级的学生在特定问题上存在普遍的思想倾向，如对某一社会问题的关注或对某一类价值观的认同偏差。根据这些共性问题，学校可以组织专门的思想政治教育课程或讲座，集中解决这一群体的思想问题。这种群体性差异化管理能够提高思想政治教育的覆盖面和有效性。

此外，差异化管理还体现在对不同成长阶段的学生实施不同的思想教育策略。对于刚进入大学的学生，他们的思想状态可能还处于初步形成阶段，此时思想政治教育的重点应放在基础理论教育和社会主义核心价值观的灌输上。而对于即将毕业的学生，他们的思想状态更多与现实的职业规划、社会责任相关，因此教育的内容应更加注重社会实践和人生规划。大数据平台可以根据每个学生的成长阶段和思想变化，为学校提供精确的教育方案建议，从而实现教育内容的层次化与差异化。

基于大数据的思想政治教育个性化方案，标志着教育管理进入了一个更加精准和科学的时代。学校能够深入了解每个学生的思想动态、行为表现和心理健康状况，从而为其量身定制思想政治教育内容。这种个性化和差异化的教育模式，不仅提高了思想政治教育的针对性和有效性，还帮助学生在思想上获得更好的发展与提升。

四、学生舆情分析与思想导向

随着互联网和社交媒体的广泛普及，学生的思想动态日益受到线上舆论环境的影响。在网络上，学生通过社交平台表达自己的观点、交流想法，形成了一个复杂的舆论场。在这种背景下，学校不仅需要在线下课堂中进行思想政治教育，还需要对学生的网络行为和舆情动态保持敏锐的洞察。通过大数据技术，学校可以系统化地分析学生在网络和社交平台上的言论与行为，从中获取学生对社会热点、学校政策的态度和思想倾向，并根据这些数据及时调整思想引导策略，以防止不良舆论的蔓延，积极构建健康向上的校园文化。

（一）学生网络行为与舆情分析

学生的网络行为，尤其是在社交媒体上的言论和互动，能够直接反映他们的思想状态、兴趣关注点以及对社会热点的反应。学校可以对这些网络行为进行系统化分析，形成对学生舆情动态的整体了解，从而为思想政治教育提供精准的参考依据。

首先，学生在社交平台上的发言频率、评论内容以及转发行为可以揭示他们的思想倾向。例如，某些学生可能频繁关注社会不公、政治事件等敏感话题，通过转发相关内容表达自己的观点，而另一些学生则可能更倾向于讨论娱乐、时尚等生活化内容。通过对这些信息的分析，学校能够了解学生当前对社会问题的关注程度以及他们对特定议题的态度。

大数据技术可以通过语义分析、情感分析等技术手段，深入挖掘学生在网络上的言论背后所体现的情绪和观点。例如，情感分析可以帮助学校判断某个学生在发表特定言论时的情绪状态——是表达不满、焦虑，还是积极支持某一政策或现象。通过这种方式，学校能够快速识别出学生群体中潜在的情绪波动，尤其是针对学校政策或社会热点的负面情绪，从而提前做好预警和应对准备。

例如，假设某一阶段内关于学校某项新政策的讨论突然增多，并且情感分析显示大部分言论带有负面情绪，这表明学生对该政策可能存在不满或误解。学校可以通过舆情监控系统，迅速捕捉到这些信息，并及时做出回应，避免负面情绪的进一步发酵和扩大化。

此外，学生的网络社交行为还可以反映出他们的社交圈层及信息来源。通过分析学生在社交媒体上的好友关系、群组参与以及信息传播路径，学校可以了解学生所处的舆论环境。例如，某些学生可能参与了一些有特定思想倾向的网络社群，在这些社群中，学生接收到的信息和观点可能存在偏颇甚至极端化倾向。通过对这些数据的分析，学校可以识别出那些容易受到特定舆论影响的学生群体，从而为后续的思想引导和教育提供针对性的方案。

（二）基于大数据的思想引导与教育

舆情分析不仅能够帮助学校掌握学生的思想动态，更重要的是能够为思想引导和教育提供数据支持。通过对舆情数据的深入分析，学校可以制定出有针对性的思想引导策略，及时介入学生的思想发展过程，防止不良思想的蔓延，促进积极健康的校园文化建设。

首先，针对在舆情分析中发现的热点问题或负面情绪，学校可以迅速采取措施进行引导。例如，当舆情数据表明学生对某个社会热点事件表现出较为激烈的情绪反应时，学校可以组织专题讲座、讨论会或线上分享，邀请专家或思想政治教育教师对事件进行客观分析和解读，帮助学生理解事件的背景和影响，避免因信息不对称或片面报道导致思想上的极端化或误解。

在思想引导过程中，大数据还可以帮助学校精准选择受众群体。例如，如果舆情分析表明，部分特定年级或专业的学生对某一政策或社会现象的态度较为消极，学校可以优先针对这些群体实施思想引导措施，如开展专题教育课程或班级讨论，而不是对全体学生进行大范围的统一教育。这种精准的思想引导方式不仅能够有效提升教育的针对性和效率，还能避免对那些暂时没有困惑的学生进行“过度教育”。

此外，大数据技术还可以帮助学校对思想政治教育的效果进行实时监测和评估。通过对学生在接受思想教育后的网络言论和行为变化进行追踪，学校可以评估教育内容是否达到了预期的效果。如果学生在教育干预后表现出更加积极的言论和行为，说明教育取得了显著的成效；反之，如果负面言论依然存在甚至进一步扩散，则意味着教育措施可能需要调整和加强。例如，假设学校针对某一热点问题开展了一次大型的思想教育活动，教育后，学校可以通过大数据平台分析学生在社交媒体上的讨论是否趋于理性和客观，情绪波动是否减弱。学校能够动态调整思想教育策略，确保每一轮思想引导都能达到最佳效果。

最后，舆情分析还可以帮助学校及时发现和遏制不良思想的传播。在现代互联网环境中，极端思想、不良价值观的传播速度极快，尤其是针对年轻学生群体，部分极端言论通过网络平台渗透并影响学生的思想。因此，学校需要借助大数据的力量，时刻监控网络舆情动态，识别那些可能存在误导或极端化倾向的言论。通过提前识别和干预，学校可以防止这些不良思想在校园内扩散，并通过积极的思想引导和宣传，强化学生对社会主义核心价值观的认同。

大数据在学生舆情分析与思想引导中的应用，标志着现代思想政治教育进入了数据驱动的新阶段。通过对学生网络行为的系统分析，学校能够及时掌握学生的思想动态，并对潜在的思想波动进行预警。借助这些舆情数据，学校能够更加精准地实施思想引导和教育干预，防止不良思想的扩散，促进积极向上的校园文化建设。随着大数据技术的不断发展，学生思想政治教育将更加科学、高效，并为学生的全面成长和社会责任感培养提供坚实的基础。

第八章　大数据时代教师数据素养培养

在大数据时代，教师的数据素养直接影响高职院校教育管理的效率和教学质量。教师数据素养是指教师在大数据环境下，理解、分析和应用数据的能力。通过提升教师的数据素养，学校可以更好地推动数据驱动的教学与管理变革，提高教师在教学设计、教学反馈、学生管理等方面的精准度和科学性。

第一节　教师数据素养的内涵

一、数据素养的基本概念

随着大数据时代的到来，数据在社会各个领域的应用变得越来越广泛，教育领域也不例外。对于教育工作者而言，具备数据素养已经成为现代教学与教育管理中的一项核心能力。教师的数据素养不仅关乎个人的专业成长，也直接影响到学生的学习效果、教学质量和学校的整体发展。因此，理解什么是数据素养以及在大数据背景下它对教师的独特要求，成了教育领域中一个重要的课题。

（一）数据素养的定义

数据素养，顾名思义，指的是个体在处理和理解数据方面所具备的知识、技能和态度。对于教师而言，数据素养涵盖了以下几个核心方面：数据的认知、数据分析的技能以及将数据有效应用于教学和教育管理的能力。

首先，数据的认知能力是数据素养的基础。教师需要能够识别和理解各种类型的数据来源，并具备判断数据质量、准确性和可靠性的能力。例如，教师可能在日常教学中接触到学生的学习成绩、出勤率、课堂参与度等数据，他们需要能够识别这些数据所代表的含义，了解数据的收集方法，以及如何评估这些数据是否真实反映了学生的学习情况。

其次，数据分析技能是数据素养的核心。教师需要具备分析和解释数据的能力，从大量的教育数据中提取有用的信息。这不仅包括基本的数据统计和计算能力，还包括对数据的深层次分析，能够识别出数据中的趋势、模式和异常。例如，教师可以通过分析学生的作业成绩和测试数据，识别出哪些知识点学生普遍掌握得较好，哪些内容需要进一步巩固。这种能力帮助教师在教学设计中做出更为科学的调整。

最后，将数据应用于教学和管理的能力是数据素养的实际体现。数据分析的最终目的是为教学决策提供支持，因此，教师需要能够将分析得出的结果转化为具体的行动计划。例如，教师在发现某些学生的成绩长期低于平均水平时，可能需要通过个别辅导、调整教学内容或采用新的教学方法来帮助这些学生提高成绩。此外，数据素养还包括能够有效地与学生、家长和其他教育工作者分享数据分析的结果，并协同制定教育策略和改进方案。

总结来说，教师数据素养是一种综合性的能力，涉及对数据的认知、分析与应用。它要求教师不仅要具备基本的技术技能，还要有一定的教育洞察力，能够将数据与教育实践相结合，从而优化教学效果，提升管理水平。

（二）大数据背景下数据素养的独特要求

相较于传统的数据理解和分析能力，大数据时代对教师数据素养的要求更加广泛和深刻。大数据技术的发展为教育领域带来了海量的、复杂的、多样化的数据，这对教师的能力提出了新的挑战和要求。

首先，大数据时代的数据来源更加丰富，数据类型也更加多样化。教师不仅要处理传统的学生成绩和出勤数据，还要应对来自在线学习平台、社交媒体互动、智能课堂设备等渠道的海量数据。例如，在线学习平台可以生成每个学生的学习进度、学习时长、学习行为等详细数据，而社交媒体上的讨论可能反映出学生的兴趣、情绪甚至学习动力。面对这些多样化的数据信息，教师需要能够快速判断哪些数据对教学具有实际价值，并找到分析和处理这些数据的有效方法。

其次，大数据时代要求教师具备更为复杂的分析和技术技能。与传统的数据分析相比，大数据不仅体量更大，分析也更为复杂。例如，教师可能需要通过机器学习算法或其他高级分析工具来发现学生学习行为中的深层次模式或预测学生的学习表现。对于教师而言，这意味着他们不仅要掌握基础的数据统计方法，还需要学习和理解更多的数字技术，如数据挖掘、算法建模等。

此外，大数据的动态性和实时性也对教师的数据素养提出了新的要求。在大数据背景下，数据是持续生成和变化的，教师需要能够快速处理和响应数据。例如，在线课堂的实时数据分析可以帮助教师了解学生的课堂参与情况，并根据实时反馈调整教学节奏。这种能力要求教师具备灵活的数据处理能力，能够随时从数据中获取有价值的信息，并迅速做出数据驱动的决策。

大数据时代的教师数据素养还包括对教育决策的敏捷性和精准性的要求。传统的教学和管理决策往往依赖经验和过往的知识，而在大数据时代，教师可以依靠数据分析做出更加科学、有效的决策。例如，在制定个性化教学计划时，教师可以基于学生的学习数据、兴趣倾向和学术表现，量身定制教学策略。而在学校管理中，校方也可以通过大数据分析优化资源分配、提高教育效率。这种数据驱动的决策过程，不仅能够提升教育质量，还可以更好地应对教育中不断变化的挑战。

最后，大数据时代还要求教师具备一定的隐私保护和数据伦理意识。在处理大量学生数据时，教师必须能够识别和管理数据隐私风险，确保学生的个人信息得到妥善保护。数据素养不仅是对技术的掌握，更是对数据伦理的理解。教师需要在数据的使用过程中，平衡好数据利用与保护学生权益之间的关系，遵守相关的法律法规，确保数据的安全性和合规性。

在大数据时代，教师的数据素养不仅是对传统数据处理能力的延伸，更是一种适应复杂、动态数据环境的新型素养。它要求教师能够有效认知、分析和应用多样化的数据来源，将数据融入教学与教育管理的方方面面。同时，大数据背景下的数据素养也对教师提出了更高的技术技能要求，涉及数据挖掘、实时分析、数据驱动决策等方面。

随着数据在教育中的广泛应用，教师数据素养的提升将成为推动教育质量提升的重要因素。未来，随着教育技术的进一步发展，数据素养将成为每个教师必备的核心能力，为教师在教学与管理中做出更加科学有效的决策提供坚实的基础。

二、教师数据素养的重要性

在现代教育体系中，数据不仅是教师管理课堂、评估学生学习效果的有力工具，更是提升教学质量、支持科学决策、适应信息化教学的重要手段。随着大数据和信息技术在教育领域的广泛应用，教师的数据素养已经成为必备技能之一。通过掌握数据分析和应用技能，教师能够制定更加符合学生需求的教学计划，提升教学效果，推动教育质量全面提升。

（一）提升教学质量的必备技能

数据素养对教师而言，最直接的体现便是能够有效利用学生的学习数据，制定更符合学生个性化需求的教学计划。每个学生的学习能力、兴趣、节奏和偏好各不相同，传统的教学模式难以兼顾所有学生的个体差异，而数据分析能够为教师提供更为精准的参考依据。

首先，教师可以通过分析学生的成绩数据、课堂表现、作业完成情况等多维度数据，识别出学生在学习中的强项和弱项。例如，某名学生可能在某些科目中表现出色，但在其他科目中存在困难。教师可以精准定位学生的薄弱环节，并针对这些问题制定个性化的辅导计划。这种基于数据驱动的教学调整，使得教师能够因材施教，更好地满足学生的个体需求，提升整体教学效果。

此外，数据素养还帮助教师在教学过程中进行实时监控和反馈调整。现代化的课堂教学往往依赖于信息技术的支持，教师可以通过学习管理系统实时跟踪学生的学习进度、课堂参与度和作业完成情况，及时发现学生学习中的问题。例如，在在线课堂中，教师可以通过数据分析识别出哪些学生互动较少或进度落后，并及时采取措施，进行个别辅导或调整教学策略。这种实时反馈机制不仅提升了教学效率，还能够有效避免学生的学习问题被长期忽视。

举例来说，如果一名数学教师通过分析学生的测验成绩发现多数学生在特定知识点上的错误率较高，他可以迅速做出调整，重新讲解该知识点或引入更多练习。通过这种数据驱动的教学方法，教师可以更有针对性地提高学生的理解能力，进而提升整体的教学质量。

（二）支持科学决策的能力

教师在日常教学和管理中，不仅需要传授知识，还需要做出诸多教学决策，如课程内容的设计、教学方法的调整、教学资源的分配等。这些决策如果仅依赖于教师的个人经验或直觉，难以确保其科学性和有效性。数据素养为教师提供了更加科学的决策依据，帮助他们在教育过程中做出更加精准的判断和决策。

首先，数据分析能够帮助教师评估教学效果，并据此调整教学策略。通过分析学生的测验成绩、课堂反馈和学习进度，教师可以清晰地看到哪些教学内容和教学方法取得了预期的效果，哪些环节还需要改进。例如，如果某一批学生的考试成绩普遍较差，教师可以通过分析找到成绩低的原因，是因为教学内容过难，还是某些知识点没有讲解清楚？是学生的学习习惯问题，还是考试本身设计不合理？通过数据分析，教师能够找到问题的症结，从而为下一步的教学改进提供科学依据。

其次，数据分析能够为教师提供学生的全面发展数据支持。除了学业表现，教师还可以从学生的课外活动、心理健康、出勤率等方面的数据中获取更多信息，全面了解学生的成长情况。例如，某些学生在社交活动中表现出色，但学术成绩偏低；教师可以发现这些学生可能更擅长团队合作或实践活动，而在理论学习方面存在薄弱之处。这一发现可以帮助教师调整对这些学生的期望和教学方法，促进学生在学业和素质方面的全面发展。

此外，数据素养还能够帮助教师在班级管理中做出更加精确的判断。例如，通过数据分析，教师可以了解到某个班级的集体学习氛围、学生的积极性和参与度，从而决定是否需要调整班级活动、增设学习小组或开展一些主题讨论，促进学生间的合作与互动。

（三）适应信息化教学的必然需求

随着信息技术的发展，现代化教学正在逐渐向智能化和数字化转型。教师作为教学过程的核心角色，必须具备数据素养，才能更好地适应这一信息化变革的需求。在数字时代，教学已经不仅仅局限于课堂，而是延伸到线上平台、虚拟学习环境和互动式教学系统中，数据在这一过程中扮演了关键角色。

信息化教学环境下，教师需要处理大量的学生数据，包括学习记录、平台使用情况、参与讨论的频率等。具备数据素养的教师能够利用这些数据更好地掌握学生的学习状况，并根据数据结果进行课程设计和改进。例如，在智慧课堂中，教师可以实时获取学生的学习表现，通过分析这些数据，判断是否需要调整教学进度或教学方式。此外，教师还可以利用在线平台提供的数据反馈，快速识别出学生个体的学习偏好，并采取相应的教学措施，以提升学生的学习体验。

在信息化教学环境中，数据素养不仅是一项工具，更是教师必须掌握的基础技能。信息化教学平台能够自动生成大量的学习数据，但这些数据本身无法直接为教师提供指导，教师需要具备分析、解读和应用数据的能力，才能将这些信息转化为有价值的教学决策。例如，教师可以根据学生在不同学习任务中的表现，判断某一类型的任务是否有助于学生掌握知识点，并据此设计更高效的学习活动。

此外，数据素养还帮助教师更好地适应教育信息化带来的跨越式变革。人工智能和大数据技术正在逐渐渗透到教育领域，如个性化学习路径推荐系统、智能测评系统等，都是基于大数据分析的产物。具备数据素养的教师能够更加轻松地应用这些先进的技术工具，并将其有效融入日常教学中，提升教学效率。例如，教师可以通过智能评估系统自动批改作业，快速了解学生的薄弱环节，并针对性地为学生推送相关的学习资源和练习题。

教师数据素养的重要性不仅体现在提升教学质量、支持科学决策上，也体现在适应信息化教学环境的必要性上。数据素养赋予教师科学的决策能力，使他们能够根据数据驱动做出精准的教学判断，并不断改进教学方式。同时，数据素养还帮助教师更好地适应信息技术的发展，将现代化教学工具有效地融入日常教学中。随着教育技术的不断进步，数据素养已经成为每个教师在现代教学环境中不可或缺的核心能力，也是未来教育变革的推动力量。

三、数据素养与教育变革的关系

在当今大数据时代，教育领域正经历着深刻的变革，数据成为教育管理和教学决策中的重要因素。教师的数据素养，不仅决定了他们能否有效应对这些变革，还在推动教育管理创新和提升教学质量方面发挥着关键作用。高职院校和其他教育机构越来越多地依赖数据来优化管理流程、提升教育效率，因此，教师的数据素养不仅是教学实践的能力需求，更是教育变革的重要推动力。

（一）数据素养推动教育管理创新

在高职院校及其他教育机构中，教育管理正在逐渐向信息化和智能化转型。数据素养作为教师的一项核心技能，在这一过程中扮演着重要角色。教师具备良好的数据素养，不仅能够提升自身的教学质量，还可以推动整个学校的教育管理走向数据化与智能化。教育管理信息化的实施程度，往往取决于教师是否具备灵活运用大数据进行教学改进与管理的能力。

首先，数据素养有助于实现教育管理中的决策优化。在传统的教育管理模式下，管理者通常依赖于经验和感知来制定政策和决策，而大数据时代的到来则为教育管理提供了更加客观、科学的依据。例如，教师可以通过分析学生的学习数据、出勤数据、课程参与度等信息，提出有针对性的改进措施。在高职院校中，数据分析可以帮助教师发现学生在特定技术或技能课程中的薄弱环节，从而调整教学方法，提升学生的实践能力。这些数据不仅有助于提高教学效果，还能为学校的整体课程设置、教学资源分配提供依据。

其次，数据素养可以推动教育管理的效率提升。传统的管理流程往往依赖大量的人工干预和数据处理，而数据素养能够帮助教师通过数据工具自动化地管理学生的学习情况和行为。借助学习管理系统、学生信息管理平台等工具，教师可以实时监控学生的学习进度，并根据数据反馈迅速做出管理决策。例如，通过数据分析系统，教师可以了解到学生的学习参与情况，是否有大量学生缺课、作业完成率较低等问题，这些信息可以帮助学校及时调整教学计划和管理策略，优化教育管理流程。

此外，数据素养还能够帮助教师参与到学校的教育政策制定和管理创新中。例如，教师可以根据学生的学习数据，向管理层提出关于教学方法创新、课程结构调整等建议。这不仅推动了教师自身在教育管理中的主动性，还能够促使教育机构进行更加高效和精准的决策，推动整个教育管理体系的创新与优化。

（二）数据素养是教育变革的基础能力

随着大数据、人工智能等新技术的不断发展，教育改革的步伐也在加快。在这一过程中，教师的数据素养不仅仅是一种技术能力，它更是教师能够主动参与教育改革、推动教学实践创新的基础能力。数据素养的提升能够促使教师在教育改革中更加积极主动，推动基于数据的教育实践与探索。

首先，数据素养让教师能够更深入地参与到教学实践的变革中。传统的教学模式通常以教师为中心，教学内容和方法较为单一，而在大数据的支持下，个性化教学成为可能。通过数据分析，教师能够根据每名学生的学习数据制订个性化的学习方案，帮助学生以适合自己的方式掌握知识。这种个性化教学不仅提高了学生的学习效果，也推动了教育教学方法的改革。

例如，教师可以通过学生的测验成绩、课堂参与度、作业完成情况等数据，了解每个学生的学习特点和需求，并为他们设计不同难度的学习任务或个性化辅导方案。这种数据驱动的教学方法，突破了传统教学“一刀切”的模式，能够更好地激发学生的学习兴趣，提升教学效果。这也表明，数据素养不仅使教师能够在教学过程中做出更加科学的决策，还使他们成为教育变革中的推动者。

其次，数据素养促使教师在教育研究和探索中扮演更加积极的角色。教育变革往往需要大量的教学实验和数据验证，教师具备数据素养，能够在教学实践中通过数据收集、分析和反思，不断优化教学方法，并为教育改革提供可靠的研究成果。例如，教师可以在教学过程中通过数据分析，发现某一教学方法或课程设置是否有效，并以此为基础进行教学实验和调整。

这种基于数据的教学研究方法，不仅提高了教师的教学水平，还能够为教育改革提供宝贵的经验和理论支持。例如，某名教师在教学过程中发现，使用某种新型教学工具或方法可以有效提升学生的学习效果，经过数据验证后，这种教学方法可以在更大范围内推广应用，从而推动整个教育体系的创新与改革。

此外，数据素养能够增强教师在教育改革中的协作能力。教育变革通常涉及多方协作，而数据为这种协作提供了共同的语言和基础。教师可以通过数据分享和分析，与其他教育工作者、研究者共同探索教育实践中的问题，并协同制定解决方案。例如，通过对学生学习数据的共享和分析，教师可以与学校管理者、课程设计者合作，设计更加符合学生需求的课程结构和教学方法。这种基于数据的协作，不仅推动了教育变革的有效性，还增强了教师在教育改革中的参与感和主人翁意识。

教师的数据素养与教育变革息息相关，二者相辅相成。数据素养不仅增强了教育管理的创新，提高了教学质量和管理效率，还为教育变革提供了坚实的基础。教师能够更加科学地管理课堂、评估学生表现，积极参与到教育改革和教学实践的创新中。

未来，随着大数据、人工智能等技术的不断进步，教育变革的步伐将进一步加快。教师作为教育体系中的核心力量，必须具备良好的数据素养，才能在这一变革中发挥更加积极的作用，推动教育管理与教学实践的持续创新。在数据素养的支撑下，教师将不仅仅是知识的传授者，更是教育变革的引领者，为教育的未来发展提供源源不断的动力。

第二节　教师数据素养的构成

一、数据获取与整理能力

在大数据时代，数据已经成为教师优化教学过程、提升教学效果的重要工具。教师在日常教学管理中不仅需要传授知识，还需通过对大量数据的获取与分析，制定更加科学的教学决策。而在此过程中，数据获取与整理能力是教师数据素养的关键组成部分。无论是从学生的学习表现、反馈中提取数据，还是对这些数据进行处理和分析，教师都需要具备相应的技能。

（一）数据采集的技能

数据采集是数据分析的第一步，也是教学决策的基础。在教学环境中，数据的采集主要来自多种渠道，包括课堂表现、作业成绩、学生反馈、课堂互动、学习管理系统（LMS）等。因此，教师需要掌握如何从这些不同的渠道中有效获取有用数据的技能。

首先，教师可以通过传统的教学手段采集学生的学习行为数据，例如学生的考试成绩、平时作业表现和课堂参与情况等。这些数据为教师提供了关于学生学习效果的初步参考。然而，随着教育技术的进步，教师现在可以借助学习管理系统等技术工具收集更加多样化和细致的数据。例如，通过学习管理系统，教师可以获得学生的在线学习时间、作业提交记录、论坛参与度、测验结果等一系列详细数据。这种系统化的数据采集方式能够帮助教师更全面地了解学生的学习行为。

在采集数据的过程中，教师需要特别注意数据的质量。要保证采集的数据具有准确性、全面性和代表性。例如，学生的学习数据不仅包括成绩表现，还应包含学生的学习习惯、行为模式、情感状态等。这些数据的采集可以通过多种方式实现：定期的问卷调查、课堂反馈、学生学习档案记录等。通过这些多维度的数据采集，教师可以形成对学生更完整的学习行为和思想状态的认知，进而做出更科学的教育决策。

其次，教师需要具备合理筛选数据的能力，确保采集到的都是具有教学价值的数据。大数据时代，信息量巨大，但并非所有数据都具有直接的教学参考价值。教师必须能够在海量数据中甄别出与教学目标相关的数据。例如，学生的在线学习时长可能并不一定直接与学习效果相关，而他们在某一知识点上的反复练习情况则能更准确地反映学生对知识的掌握情况。因此，教师在数据采集时需要具备判断数据有效性和相关性的能力，确保所采集的数据对教学具有实际指导意义。

（二）数据清洗与整理

在数据采集之后，数据的清洗与整理是下一步的重要工作。数据清洗是指去除数据中的冗余、不准确或不完整的信息，确保数据的质量和完整性；而数据整理则是将采集到的多样化数据进行结构化处理，使其易于分析和应用。在教育环境中，由于数据来源广泛且多样，教师必须具备数据清洗与整理的基本能力，才能为后续的数据分析奠定基础。

首先，教师需要掌握基本的数据清洗技能，以确保数据的准确性和可靠性。采集到的原始数据往往存在缺失、不一致或重复的情况，这些问题如果不加以处理，可能会导致后续分析结果出现偏差。例如，学生的考勤数据可能存在录入错误或漏录的现象，而测验成绩可能存在异常值或重复记录。面对这些问题，教师需要通过数据清洗技术，如删除空白数据、校正错误信息、剔除异常数据等，确保数据的质量。

例如，如果教师在分析学生的考试成绩时发现个别学生的成绩异常波动，且与平时表现不符，可能需要重新检查数据输入的准确性，或是考虑外界因素（如学生的临时健康状况等）。通过这一过程，教师可以剔除那些由于技术性错误或异常情况产生的错误数据，从而确保后续分析基于高质量的数据。

其次，教师还需要具备数据整理的能力，将复杂多样的数据进行分类化处理和结构化处理。学生的数据通常来源多样，例如课堂表现、在线学习记录、课后作业反馈等。不同来源的数据格式和结构各不相同，教师需要通过整理将这些数据归类，并转换为统一格式，方便进行下一步的分析。例如，教师可以将学生的课堂参与度、作业完成情况与测验成绩等多维数据整合到一个表格中，以便进行统一的分析。

数据整理不仅仅是对数据的结构化处理，还涉及对数据进行分类管理和标注。例如，教师可以将学生的学习数据分为基础知识掌握情况、学习态度、课堂表现等多个类别，进而对不同类别的数据进行针对性分析。这种分类管理能够帮助教师更加清晰地理解数据之间的关系，发现隐藏在数据背后的模式和趋势，从而为教学改进提供依据。

此外，数据整理还要求教师具备数据规范化的能力，确保数据的统一标准。例如，某些学生的成绩数据可能采用百分制，而另一些可能是等级制，这时教师需要对这些不同格式的数据进行统一规范化处理，以便在分析时不至于产生混淆和误差。通过这种规范化整理，教师可以确保数据的一致性，使其能够更好地应用于后续的分析和决策中。

数据获取与整理能力是教师数据素养的基础，直接影响到后续的教学决策与管理。通过掌握数据采集的技能，教师可以有效地从教学过程、学生反馈和学习管理系统中收集到有用的数据；而通过数据清洗和整理，教师能够确保数据的准确性和规范性，进而为数据分析奠定坚实基础。

在大数据时代，数据获取与整理的技能不仅仅是技术操作，更是一种思维方式。教师需要从日常教学中不断积累数据处理经验，并通过实践提高数据管理的效率与准确性。只有具备良好的数据获取与整理能力，教师才能在数据驱动的教育环境中做出更加科学和有效的教学决策，推动教育质量的不断提升。

二、数据分析与解读能力

在现代教育中，教师不仅仅是知识的传授者，也需要具备一定的数据分析与解读能力，以便通过对教学数据的分析优化教学效果，提升学生的学习体验。数据分析与解读能力包括掌握基本的统计分析技能、熟练使用大数据分析工具以及能够将数据分析结果转化为有效的教育措施。这种能力使得教师能够更加科学地评估教学效果，了解学生的学习状况，从而作出更为精准的教学调整和优化。

（一）基础数据分析技能

基础数据分析技能是教师开展教学效果评估、学生学习情况分析的基本工具。教师应掌握基本的统计分析方法，如平均值、标准差、相关性分析等，这些统计指标能够帮助教师快速理解数据中包含的信息，从而对学生的学习表现和教学质量进行科学的评估。

平均值是最常用的统计指标，反映数据的整体水平。通过计算学生的平均成绩，教师可以了解班级在某个科目或某项测试中的整体表现情况。如果班级的平均成绩较低，可能表明教学过程中存在某些问题，需要教师调整教学内容或方法。

标准差反映的是数据的离散程度，标准差越大，表示学生成绩的差异越大。如果某一科目的标准差过大，意味着部分学生可能理解较差，教师需要关注这些学生的学习情况并提供个性化的辅导。

相关性分析是帮助教师了解不同变量之间关系的重要工具。例如，教师可以通过相关性分析来探讨学生的作业完成情况与考试成绩之间的关系。如果发现两者存在显著相关性，教师就可以加强对作业的重视，通过布置更具挑战性的作业任务提升学生的学习效果。

这些基础的数据分析技能能够帮助教师从大量数据中提取有效信息，为后续的教学决策提供依据。通过对学生学习行为数据的分析，教师能够更加精准地识别出学生的学习障碍、知识点掌握等薄弱处，并有针对性地调整教学策略。

（二）大数据分析工具的使用

现代教育领域产生的数据量巨大，教师仅靠基础的数据分析技能往往无法处理和解读大量的复杂数据。因此，掌握现代大数据分析工具是教师提升数据分析能力的关键。常见的分析工具如 Excel、SPSS、Tableau 等，能够帮助教师更好地分析、整理和展示数据，进行更为深入的分析和预测。

Excel 是最基础、最常用的数据处理工具。Excel 不仅可以进行基本的统计运算，还具备强大的数据透视表功能，能够帮助教师快速筛选、分类和分析大量的学生成绩、作业记录等数据。例如，教师可以通过 Excel 自动计算出某个班级的各项统计指标（如平均分、最高分、最低分），并通过数据透视表快速了解各类学生的学习情况。

SPSS 是一种专业的统计分析工具，特别适用于大规模数据的分析处理。SPSS 能够进行多变量分析、回归分析、方差分析等复杂的统计操作，帮助教师深入挖掘学生数据背后的模式和趋势。例如，教师可以通过 SPSS 分析不同教学方法对学生成绩的影响，从而为教学方式的选择提供数据支持。

Tableau 是一种数据可视化工具，能够将复杂的教学数据以直观的图表和图形形式展示出来。通过 Tableau，教师可以创建实时的交互式数据仪表盘，方便地展示学生的学习进度、成绩变化等信息。例如，教师可以通过数据可视化工具展示班级的学习进度图，观察不同学生群体的成绩变化，从而快速发现教学中的问题。

通过这些工具的使用，教师不仅能够处理和分析复杂的教学数据，还能够通过可视化分析技术将数据结果清晰、直观地呈现出来，帮助教学团队和管理层更好地理解教学中的关键问题。

（三）数据结果的教育解读

数据分析的最终目的是为教学实践提供指导，因此教师不仅要能够进行数据分析，还必须能够理解数据背后的教育意义，并将其转化为实际的教学措施。这需要教师具备良好的数据结果解读能力，能够从数据中提取对教学有价值的信息，并根据分析结果制定改进计划。

理解数据背后的意义是数据解读的重要一步。例如，教师通过数据分析发现某些知识点的测试成绩普遍较低，这可能表明该知识点对学生而言较为困难，或者教师在讲解时未能充分解释其核心概念。在这种情况下，教师可以通过重新设计教学内容、引入更多的案例或练习题来加强学生对该知识点的掌握。

将数据结果转化为教学决策是数据解读的关键。教师需要根据分析结果做出实际的教学调整。例如，如果分析表明大部分学生在课后作业中的表现与他们的考试成绩高度相关，教师可以增加对作业的重视，给予更多的反馈或调整作业难度，帮助学生更好地备考。同样，如果通过分析发现某种教学方法（如小组讨论或翻转课堂）对学生的学习效果有显著提升，教师可以更多地采用这种教学方法，进一步优化课堂设计。

教学效果的持续跟踪与优化也需要教师具备数据解读能力。教育是一个不断调整和优化的过程，教师在实施新的教学策略后，应该通过数据持续跟踪其效果。例如，在引入新的教学工具或方法后，教师可以通过分析学生成绩的变化、课堂参与度的提高等数据，判断这些改进措施是否有效。如果效果不理想，教师可以根据数据再次调整教学策略，确保每次教学改进都能带来实际的提升。

数据分析与解读能力是现代教师必备的素养之一。教师通过掌握基础的数据分析技能，可以有效评估教学效果并理解学生的学习状况；通过熟练使用大数据分析工具，教师能够处理复杂的数据并生成有意义的分析结果；而通过深入理解数据背后的教育意义，教师能够将数据分析转化为实际的教学优化措施。这样的能力不仅提升了教师的专业水平，也为教学质量的持续改进提供了科学的支撑。

在大数据驱动的教育环境中，教师需要通过不断提升自己的数据分析与解读能力，适应快速变化的教学需求，为学生提供更加个性化和高效的教学体验。随着技术的不断发展，数据分析将成为教育领域中不可或缺的工具，教师的数据素养也将在未来的教育变革中发挥至关重要的作用。

三、数据应用与决策能力

教师的数据应用与决策能力，指的是教师能够基于数据分析结果做出优化教学和管理决策的能力。这种能力要求教师不仅要会收集和分析数据，还要能够将数据结果应用于实际的教学设计中，并为教育管理和政策制定提供数据支持。通过数据驱动，教师能够更加精准地优化教学内容、调整教学策略，提升整体教学质量，同时也能为教育管理层提供科学的决策依据。

（一）数据驱动的教学设计与改进

数据驱动的教学设计与改进，是通过分析学生的学习数据，如学习成绩、课堂参与度、作业完成情况等，帮助教师识别教学中的优势和不足，并作出相应的调整和优化。教师可以根据数据分析结果，有针对性地设计个性化教学方案、实施分层教学等，从而提升整体教学效果。

首先，个性化教学是数据驱动教学设计中的一个重要策略。每个学生的学习能力、兴趣和节奏都各不相同，教师通过分析学生的学习数据，能够识别每个学生的特点，进而设计出适合他们的个性化学习方案。例如，通过对学生的测验成绩和课堂参与情况的分析，教师可以了解到哪些学生在某些知识点上表现出色，哪些学生则存在学习困难。针对不同的学生，教师可以采取不同的教学方法，如为学习较快的学生提供更具挑战性的学习材料，而为学习较慢的学生提供更多的辅导和支持。

其次，分层教学是另一种常见的教学设计改进方式。分层教学是指根据学生的学习能力和表现，将学生分为不同的学习层次，分别设计适合不同层次学生的教学内容。通过数据分析，教师可以将班级中的学生分为不同的学习层次，从而更有针对性地提供教学支持。例如，对于基础较弱的学生，教师可以通过调整教学进度、增加复习和巩固环节，帮助他们夯实基础知识。而对于学习能力较强的学生，教师则可以设计更具深度和挑战性的任务，以激发他们的潜力。这种因材施教的方式，不仅可以提升学生的学习效果，还能减少学生因学习差异导致的挫败感，从而提高班级整体的学习质量。

此外，数据驱动的教学改进还体现在教学策略的动态调整上。教学过程是一个动态的过程，学生的学习状态可能会受到多种因素的影响，如教学方法的适应度、知识点的难易程度、课堂氛围等。通过实时数据监控，教师可以随时了解学生的学习进展和表现，根据数据做出教学策略的调整。例如，如果教师通过分析发现某个班级在一段时间内的测验成绩普遍下降，可能意味着某一知识点的讲解不够深入，教师可以及时调整教学内容，重新讲解或增加练习。此外，如果课堂参与度降低，教师可以引入更多互动式教学方法，如小组讨论、项目制学习等，以提高学生的参与度。

总之，数据驱动的教学设计和改进，不仅提高了教师对学生学习状况的敏感度，还使得教学变得更加灵活、科学和高效。教师通过数据分析了解学生的学习需求，设计个性化和分层化的教学方案，提升了学生的学习体验和成绩，从而实现整体教学效果的提升。

（二）基于数据的教育决策支持

除了优化教学设计外，数据在教育决策中也发挥着重要作用。教师不仅要通过数据分析做出教学决策，还需要为教育管理层提供数据支持，帮助他们制定更为科学的教育政策和管理策略。通过分析学生的成绩、学习行为、课堂表现等数据，教师可以为学校的课程设置、选课指导、教学资源分配等方面的决策提供科学依据。

首先，选课指导是一个需要数据支持的关键领域。在高职院校和大学中，选课是学生学习计划的重要组成部分，但学生在选课过程中往往面临多重选择和不确定性。教师可以通过分析学生的学业成绩、兴趣领域、学习行为数据等，帮助学生做出合理的选课选择。例如，某些学生可能在某个学科领域表现出色，且有较强的学习兴趣，教师可以根据数据建议他们选择与该学科相关的进阶课程，帮助学生进一步深入学习。而对于那些成绩表现一般的学生，教师可以建议他们选择相对基础或实用性强的课程，以帮助他们巩固基础知识。

其次，教师的数据决策能力对于学校的课程设置也有着重要影响。通过分析学生的整体学习表现和兴趣分布，教师可以为学校的课程设置提供数据支持。例如，教师通过分析发现，某一课程的学生成绩普遍较低且学生反馈不佳，可能意味着该课程的教学设计或内容需要改进。学校管理层可以根据这些数据，对课程进行调整或优化，甚至增加一些学生需求高但课程稀缺的科目，以满足学生的学习需求。

此外，教学资源分配也是基于数据决策的重要环节。通过对学生学习行为的分析，教师可以为学校的教学资源配置提供科学依据。例如，通过分析学生在不同课程中的课堂表现、作业完成情况和学习进度，学校可以识别出哪些课程或学科需要更多的教学支持和资源投入。例如，某些学科可能由于学生普遍遇到理解难题，需要增加教师的授课时间或配备更多的辅导资源。反之，如果某些课程的学习效果较好，学校可以考虑合理调整资源分配，为其他有需求的学科提供更多的支持。

教师的数据应用与决策能力不仅仅局限于个人的教学实践，还直接影响到整个学校的教学管理和教育政策。通过数据的全面分析，教师可以为学校提供科学决策的依据，帮助管理层制定更符合学生需求和学校发展的教育政策和资源配置策略。

数据应用与决策能力是现代教师必须具备的重要能力之一。通过数据分析，教师能够优化教学设计，实施个性化和分层教学策略，提升学生的学习效果；同时，教师还能为学校的教育管理和决策提供数据支持，帮助管理层制定科学的教育政策和资源配置策略。这种数据驱动的教学与决策方式，使得教师不仅是知识的传授者，更是教育创新和改革的推动者。

随着大数据技术的不断发展，教师数据应用与决策能力的提升将变得越来越重要。在未来的教育环境中，教师需要依赖大数据进行更为科学的教学设计和管理决策，确保每一个学生都能得到个性化的学习体验，同时帮助学校实现教学资源的合理分配和教学质量的持续提升。

四、数据伦理与隐私保护意识

在大数据时代，数据的广泛应用为教育领域带来了巨大的机遇，教师可以通过对学生数据的分析优化教学效果、提升管理效率。然而，随着数据应用的深入，数据伦理和隐私保护问题也日益凸显。作为数据的使用者和管理者，教师必须具备强烈的数据伦理意识和隐私保护能力，以确保学生数据的合法合规使用，避免因数据滥用、误用而给学生带来不必要的风险与困扰。在这一背景下，数据伦理与隐私保护意识成为教师数据素养的关键组成部分。

（一）数据使用的伦理观念

教师在应用学生数据时，不仅要关注如何通过数据分析提升教学质量，更要具备清晰的伦理观念，明确数据使用的合法性和道德性，避免数据被滥用、误用的情况。这要求教师在日常教学管理中时刻保持对数据伦理的敏感性，确保数据的收集、分析、存储和使用都符合相关的伦理规范。

首先，数据使用的合法性是教师在处理学生数据时必须考虑的首要因素。在采集学生数据之前，教师需要确保所有数据的获取都经过合法授权，并且遵守相关的法律法规。例如，教师不能在未经学生或家长同意的情况下随意采集学生的个人信息，也不能将这些数据用于与教学无关的商业或其他用途。学生的数据不仅仅是教学资料，还涉及个人隐私和安全。因此，教师应尊重学生的隐私权，确保数据使用符合合法性原则。

其次，教师应避免数据的滥用和误用。大数据技术的强大分析能力，使得教师可以获取大量有价值的教学信息，但这种能力也可能被不当使用。例如，将数据用于不正当目的，或通过数据分析对学生做出不公平的判断和标签化。这种情况在教育中可能会导致对学生的不当评价，甚至影响他们的学习和成长。教师在数据分析和应用中，必须确保不基于数据做出片面或不公正的决策，不能通过数据分析结果对学生进行偏见或歧视性判断。例如，教师在分析学生成绩时，如果仅通过某个测试结果或一项行为数据就给学生贴上“学习差”或“不努力”的标签，可能会忽视学生在其他方面的优势，造成教育中的偏见和不公正。

此外，教师需要有清晰的数据透明度意识。在处理学生数据时，教师应当保持透明，告知学生和家长数据的用途、存储方式以及数据分析结果的具体应用方式。数据透明度不仅能增强学生和家长对学校的信任，也能促进教育过程中多方协作，共同提升教学效果。

（二）隐私保护能力

隐私保护是数据伦理的重要组成部分，也是教师在处理学生数据时必须高度重视的问题。随着数据技术的发展，个人信息泄露的风险也在不断增加，教师在收集和处理学生数据时，必须采取相应的隐私保护措施，确保学生的个人信息不被滥用或泄露。

首先，教师需要了解并遵守相关隐私保护法律。在许多国家和地区，已经制定了严格的隐私保护法律法规，如《通用数据保护条例》（GDPR）、《儿童在线隐私保护法案》（COPPA）等。这些法律对数据的采集、处理和存储都有明确的规定，教师在使用学生数据时必须了解这些法律条文，确保所有操作合法合规。例如，根据 GDPR 的规定，任何数据收集行为都需要得到数据主体（即学生或其监护人）的明确同意，并且必须告知数据的用途和保存期限。在教育环境中，教师应当明确告知家长和学生为何采集这些数据，并确保数据仅用于合法的教育目的。

其次，教师需要采取有效的技术措施保护学生数据的安全性。在数据的采集、存储和传输过程中，存在着信息被泄露、篡改或滥用的风险。为防止这些风险，教师和学校应当采取技术手段保障数据安全。例如，教师可以通过加密技术对学生的个人数据进行保护，确保在数据传输过程中不被恶意攻击者窃取或篡改。此外，教师还应定期更新和维护数据存储系统，防止因系统漏洞造成数据泄露。

教师还应注意数据访问的权限管理。并非所有教育工作者都需要接触学生的所有数据，因此，教师应确保只有有权限的人员才能访问敏感的学生信息。例如，班主任可能需要了解学生的整体学习情况，而心理辅导老师则可能需要查看学生的心理健康档案。在这些情况下，学校和教师应设定合理的权限管理系统，确保每个教育工作者只能接触到与其工作相关的数据，避免数据被滥用。

此外，教师应养成良好的数据保护习惯。例如，定期删除不再使用的学生数据、避免在不安全的环境中处理敏感信息、确保工作设备如电脑和手机的安全性。这些日常的操作习惯虽然看似简单，但在保护学生隐私方面却至关重要。例如，教师在结束一学期的课程后，应该清理过期或不再需要的数据，避免这些数据在未来被他人不当使用。

最后，应急响应能力也是教师隐私保护能力的一部分。当数据泄露等隐私问题发生时，教师应当知道如何快速响应，并采取补救措施。例如，如果某个学生的个人信息因技术漏洞或人为错误而被泄露，教师应及时向相关管理部门报告，并通知家长和学生，告知他们潜在的风险以及后续应采取的保护措施。同时，教师和学校应立即采取行动修补漏洞，防止类似事件再次发生。

在大数据时代，数据伦理和隐私保护成为教育中不可忽视的重要议题。教师在使用学生数据时，必须具备强烈的伦理意识，明确数据的合法性和道德性，避免滥用或误用数据。与此同时，教师还需要了解相关的隐私保护法律，并通过技术手段和管理措施，确保学生个人信息的安全性。

数据的有效使用可以为教学决策和管理带来巨大价值，但前提是教师必须在保护学生隐私的基础上进行数据分析和应用。未来，随着数据技术的进一步发展，数据伦理与隐私保护将成为教师数据素养的重要组成部分。通过提升数据伦理意识和隐私保护能力，教师能够更好地平衡数据应用与学生权益之间的关系，确保教育过程中的公平与透明。

第三节　教师数据素养培养的路径研究

一、数据素养培训体系的构建

随着大数据时代的到来，数据在教育领域的应用变得愈加广泛。为了帮助教师在教学和管理中更好地运用数据，提升数据素养，构建系统化的数据素养培训体系变得尤为重要。通过基础数据素养培训、进阶数据分析与应用培训以及案例教学与实践操作，教师能够从理论到实践逐步掌握数据分析与应用的技能，真正实现数据驱动的教学和教育管理。

（一）基础数据素养培训

基础数据素养培训是为教师构建数据思维的起点，其主要目标是帮助教师理解数据的基本概念、掌握数据的采集与整理技能，以及熟悉常用的数据分析工具。通过这类培训，教师可以初步认识数据在教学和教育管理中的重要性，并为后续的复杂数据分析奠定基础。

首先，培训内容应涵盖数据的基本概念。教师需要了解什么是数据、数据的类型、如何从日常教学活动中获取有效数据等。例如，教师可以从学生的考试成绩、作业完成情况、课堂参与度等各个维度收集到多样化的数据。通过数据的分类整理，教师能够更好地识别哪些数据对教学改进有帮助，哪些数据需要重点分析。

其次，培训应引导教师掌握数据采集与整理的技能。数据采集不仅仅是机械地记录学生的表现，还包括在合适的时间点采集最具代表性的数据，确保数据的准确性和全面性。例如，在不同学期的关键节点，教师可以收集学生在不同课程阶段的学习数据，以便观察学生的进步或退步。此外，教师还应学习如何整理采集到的数据，使其符合后续分析的要求。数据清洗与整理的技能，诸如去除冗余数据、处理缺失值和数据格式转换等，能够帮助教师有效地将杂乱无章的数据转化为清晰的分析材料。

最后，基础培训还应引导教师使用基础数据分析工具。常见的工具如 Excel、Google Sheets 等不仅功能强大且操作简便，适合初学者入门。例如，教师可以使用 Excel 制作简单的表格和图表，统计学生成绩的平均值、标准差等数据，进行基本的趋势分析。通过这些工具，教师能够初步掌握如何通过数据分析学生的学习情况，为日常教学决策提供依据。

通过基础数据素养培训，教师可以逐步建立起数据思维，意识到数据对教学和管理决策的重要性。这为后续更复杂的数据分析学习奠定了良好的基础。

（二）进阶数据分析与应用培训

在基础数据素养培训的基础上，进阶数据分析与应用培训则是为教师提供更加深入的技能学习，帮助他们掌握大数据分析、数据挖掘和可视化工具的使用。这类培训旨在提升教师处理复杂数据的能力，使他们能够独立进行深入的教学效果分析和数据驱动的教育决策。

首先，进阶培训应涵盖大数据分析与数据挖掘的基本方法。教师需要学习如何处理更大规模和多维度的数据集，从中挖掘出有价值的信息。例如，教师可以使用SPSS、R、Python等工具进行复杂的数据分析和建模，识别学生的学习模式、预测学习结果等。通过这些进阶技术，教师不仅可以理解学生个体的表现，还能够从整体上分析班级或学校的学习趋势，从而为教学策略的调整提供依据。

其次，进阶培训还应注重数据可视化工具的使用。数据可视化是数据分析中的重要一环，它能够将复杂的数据转化为直观的图表，帮助教师和管理者更好地理解数据背后的趋势和规律。常见的可视化工具如Tableau、Power BI等，能够为教师提供强大的数据展示和分析功能。例如，教师可以通过这些工具制作学生学习情况的动态报告，将学生的学习成绩、课堂参与度等数据以图表形式直观呈现，便于管理者或家长理解。

此外，教师还需要学习如何将大数据分析与教育实践相结合。例如，教师可以通过对学生行为数据的分析，设计个性化学习路径，帮助不同学习水平的学生获得个性化的教学支持。或者，教师可以通过预测分析，提前发现哪些学生可能在接下来的学习中面临困难，从而为他们提供额外的辅导和帮助。进阶数据分析培训不仅提供技术技能，还应激发教师在实际教学中的应用创新。

通过进阶培训，教师能够进一步提升数据分析与应用能力，学会从复杂数据中提取有效信息，独立完成深度的数据挖掘和分析任务。这种能力不仅能提升教师的专业素养，也能帮助学校在数据驱动的教育管理上取得显著进步。

（三）案例教学与实践操作

为了将数据素养从理论转化为实践，案例教学和实践操作是培训体系中的关键环节。通过具体的案例分析和实际操作任务，教师可以在真实的教学情境中学会如何进行数据分析和决策，从而加深对数据素养的理解和应用。

案例教学可以通过具体的教学场景来展示数据如何在教学设计中发挥作用。例如，教师可以学习一个班级中学生成绩逐步下降的案例，通过分析数据找出原因，可能是教学方法不适应或是学生在某一阶段对某个知识点掌握不充分。通过这样的案例分析，教师不仅学会了如何处理数据，还理解了数据如何帮助他们优化教学策略。

实践操作任务是帮助教师真正掌握数据技能的重要方式。教师可以通过真实数据的处理和分析任务，亲身体验如何在日常教学中使用数据工具和技术。例如，教师可以被要求完成一个从数据采集、清洗、分析到报告生成的完整流程，针对某一教学问题提出数据驱动的改进建议。通过这些实践任务，教师能够加深对数据分析工具和技术的掌握，并在实践中发现和解决问题。

通过案例教学和实践操作，教师可以在理论学习的基础上，真正将数据素养应用到实际的教学和教育管理中。这种“学以致用”的培训方式，能够有效提升教师的数据素养水平，使他们不仅能够分析数据，还能够将分析结果转化为可操作的教学措施。

构建系统化的数据素养培训体系是提升教师数据素养的有效途径。通过基础数据素养培训，教师可以建立起对数据的初步理解和使用技能；通过进阶培训，教师能够掌握更加复杂的数据分析和应用能力；通过案例教学和实践操作，教师可以将理论转化为实践技能，真正将数据分析结果应用到教学和管理决策中。

随着大数据在教育领域的广泛应用，数据素养将成为教师专业发展中的关键能力。通过系统化的培训，教师不仅可以提升自身的教学效果，还能推动学校的教育管理更加科学化和智能化，为未来的教育变革提供坚实的基础。

二、校内数据文化的建设

在大数据时代，教育领域正逐渐意识到数据的重要性，学校不仅要帮助教师提升数据素养，还要在整体层面推动数据文化的建设。数据文化的形成并不仅仅是个人技能的提升，而是学校整体对数据的价值认可和广泛应用。通过营造一个数据驱动的教学环境，学校能够帮助教师更好地利用数据提升教学质量，同时实现学校管理和教学决策的科学化和智能化。数据文化的建设包括对数据文化的宣传与推广，以及通过数据共享与协作机制促进校内的协同发展。

（一）数据文化的宣传与推广

数据文化的建立需要从学校整体层面着手，确保教师和管理者都能够认识到数据在教学和管理中的重要性。因此，数据文化的宣传和推广是首要任务。通过一系列的活动和机制，学校可以营造出一种重视数据、使用数据的氛围，鼓励教师在教学实践中积极应用数据进行教学改进。

首先，学校应当定期开展数据素养提升活动。这些活动可以涵盖数据素养的基础培训、数据分析工具的使用以及成功案例分享等，帮助教师认识到如何通过数据改进教学。例如，学校可以组织数据素养工作坊、教师培训班，让教师了解数据在教学设计、课堂管理、学生评估等方面的实际应用。通过这些培训，教师能够掌握一些基础的数据处理技能，如数据采集、分析、可视化工具的使用等，为数据驱动的教学模式打下基础。

同时，学校还可以通过研讨会和分享会的形式，进一步推广数据驱动的教学模式。这些活动不仅可以由校内的数据专家、学科带头人主讲，还可以邀请在数据应用领域有成功经验的外部专家前来分享成功案例。通过这种形式的互动与交流，教师能够更加直观地感受到数据在教学中的作用和效果。例如，某位教师通过数据分析发现学生在某个知识点上的掌握情况较差，随后调整了教学策略，结果学生的成绩显著提升。这种成功案例的分享不仅能增强其他教师对数据使用的信心，还能让数据驱动的教学理念逐渐在校内传播开来。

学校还应鼓励教师积极进行数据应用的自我探索，并对那些在教学中有效利用数据的教师给予表彰和奖励。这种鼓励机制可以通过设立“数据驱动教学奖”或“最佳数据应用教师”等形式实现。通过激励措施，教师将更加愿意花时间和精力研究如何将数据应用于自己的教学中，逐步提升数据素养。

宣传与推广数据文化的另一个关键环节是领导的引导和支持。学校管理层需要在数据文化建设中起到引领作用，通过制定相关政策和目标，确保数据驱动的教学模式得到足够的重视。例如，学校可以将数据应用作为教师考核的一项指标，或者将数据素养纳入教师的职业发展规划中，从制度层面确保数据文化的长效推广。

（二）数据共享与协作机制

在数据文化建设中，数据的共享与协作是实现全校范围内数据应用的关键。通过建立一套有效的数据共享与协作机制，教师能够更加方便地获取教学数据，并在教学中应用。同时，跨部门、跨专业的协作机制能够帮助不同学科的教师相互借鉴经验，共同推动数据在教学中的深度应用。

首先，学校需要搭建一个数据信息共享平台。该平台可以作为教师和管理者之间数据交流的枢纽，教师可以在平台上上传、分享和获取各类教学数据。共享的数据可以包括学生的成绩表现、课程的教学效果、学生的反馈调查结果、课堂观察记录等。通过这一平台，教师不仅能够及时了解自己学生的学习情况，还可以参考其他教师的教学数据，分析不同教学方法的效果，并据此进行教学调整。例如，数学教师可以通过平台了解其他学科的学生表现，从而评估跨学科的学习相关性；而新任教师则可以通过参考有经验教师的教学数据，避免在教学过程中犯相同的错误。

数据共享平台的建设不仅仅是提供一个数据储存空间，更重要的是促进数据的协同分析。教师可以通过平台开展跨学科的数据分析合作。例如，语文、数学、英语等不同学科的教师可以通过分析各自学科的数据，了解某一特定学生在不同学科中的表现，并根据数据讨论如何协同改进教学方法。这种跨学科的协作不仅能够提升教师的数据分析水平，还能促进教师之间的沟通与合作，推动数据在教学中的深度应用。

其次，数据共享与协作机制还应包括跨部门的协作。学校的教学和管理部门，如教务处、科研处、学生管理处等，都掌握着大量的教学数据。通过打破部门之间的数据壁垒，建立数据共享机制，学校管理者和教师可以更加全面地了解学生的整体学习情况。例如，教务部门可以将学生的成绩数据与学生管理部门的出勤数据相结合，分析出某些学生因出勤率低而导致成绩下降的原因。通过这样的数据共享与协作，学校可以采取更加有针对性的管理措施，从整体上提升教育管理效率。

此外，学校可以定期组织跨部门、跨学科的协作项目，通过数据分析解决教学中的实际问题。例如，某个学科的教师可能在教学过程中发现学生普遍存在某个知识点的理解难题，教师可以联合其他学科的教师共同探讨，通过数据分析找出这一问题的根源，制定更加有效的教学方法。学校可以通过设立专项研究小组或项目支持计划，鼓励教师通过数据协作进行教学研究，推动数据应用在教学实践中的进一步深化。

构建校内数据文化不仅能够帮助教师提升数据素养，还能推动学校整体教学和管理效率的提升。通过数据文化的宣传与推广，学校可以营造出重视数据应用的教学环境，鼓励教师通过数据驱动的方式改进教学。通过数据共享与协作机制，教师可以更加方便地获取和应用教学数据，实现跨学科、跨部门的协同合作。

随着数据在教育中的应用日益广泛，数据文化的建设将成为学校发展的重要方向。通过系统的培训和机制建设，学校不仅可以提高教师的数据应用能力，还可以确保数据在教学和管理中发挥更大的作用，促进教育质量的全面提升。

三、数据素养的评价与激励机制

随着数据在教育领域中的应用日益普及，提升教师的数据素养已成为教育改革和教学改进的重要任务。然而，要推动教师主动学习和应用数据，除了提供必要的培训外，还需要构建科学的评价与激励机制。这一机制不仅能够帮助学校准确评估教师的数据素养水平，还能通过奖励和激励，推动教师在日常教学和管理中更积极地应用数据进行创新。

（一）数据素养评估体系的建立

要提升教师的数据素养，首先需要对其进行科学的评估。通过评估体系，学校可以了解每位教师在数据获取、分析和应用方面的能力，从而为后续的培训和提升工作提供依据。因此，建立完善的数据素养评估体系是提升教师数据素养的基础。

首先，评估体系应明确教师数据素养的标准和内容。数据素养涵盖了多方面的能力，如数据获取、清洗、分析、应用等。因此，评估教师数据素养需要考虑其在不同维度上的表现。评估标准可以涵盖以下几个方面。

（1）数据获取能力：教师是否能够有效采集学生的学习数据，如成绩、出勤率、课堂参与度等；是否能够从学习管理系统（LMS）中提取有效数据，帮助分析学生的学习行为。

（2）数据分析能力：教师是否能够运用基本的数据分析工具（如 Excel、SPSS 等）进行数据处理，是否能够掌握常见的统计方法（如均值、标准差、相关性分析等）进行学生表现评估。

（3）数据应用能力：教师能否根据数据分析结果调整教学策略，实施个性化教学或分层教学，是否能够运用数据进行课堂管理优化，提升学生的学习效果。

（4）数据伦理意识与隐私保护能力：教师是否具备数据使用的伦理观念；是否在采集和使用学生数据时，遵守相关的法律法规，保证学生数据的隐私与安全。

在明确评估标准的基础上，学校可以设计多元化的评估方式，确保对教师数据素养的评估全面而科学。一种有效的评估方式是通过问卷调查了解教师的自我认知和态度。问卷可以涵盖教师对数据的态度、日常数据使用频率以及对数据分析工具的熟悉程度等，帮助学校初步了解教师的自评水平。

然而，光靠问卷评估不足以全面了解教师的数据素养水平，学校还需要通过实际操作考核来检验教师的实际数据应用能力。例如，学校可以设置一系列数据分析任务，要求教师在指定时间内完成数据采集、分析和应用的全过程。这类任务可以涵盖学生成绩分析、课堂反馈分析、教学改进建议等。通过实际操作，学校能够评估教师在真实教学情境中对数据的应用能力。

此外，学校可以采用数据素养评估平台，为教师提供在线测试和任务，自动评估其数据处理能力。教师可以在平台上参与各种数据分析挑战，通过数据挖掘和分析任务提升自身能力，同时为学校提供评估依据。

（二）数据应用的激励机制

建立评估体系之后，激励机制是推动教师积极参与数据素养提升和数据应用实践的关键环节。通过有效的激励机制，学校可以鼓励教师在日常教学和管理中主动应用数据，进行教学改进和创新管理。

首先，学校可以设置多种形式的奖励制度，对在教学中积极运用数据的教师给予认可和奖励。例如，学校可以设立数据应用创新奖，表彰那些在教学中通过数据分析实现教学改进的教师。获得此奖的教师可以通过数据分析改进课堂教学、提升学生成绩，或者通过数据驱动的管理模式优化学校的教学流程。这类奖项不仅能够鼓励教师不断探索数据在教育中的应用，还可以在校内推广数据驱动的教学模式，提升整体数据文化氛围。

同时，学校还可以通过物质激励来鼓励教师积极参与数据应用。例如，可以设置数据素养提升补助，为那些在数据应用和学习中表现积极的教师提供额外的培训经费或职业发展机会。通过补助，学校可以支持教师参加外部的数据分析培训班、教育技术会议或数据应用研讨会，从而进一步提升其数据分析能力。

为了激发教师的创新热情，学校还可以定期举办数据应用竞赛，鼓励教师基于学生学习数据提出创新教学策略。竞赛可以以教学改进为主题，参赛教师通过数据分析提出具体的教学问题，并根据数据结果制定详细的解决方案。优胜者不仅可以获得奖金或奖品，还可以在全校范围内推广其成功经验，从而推动整个学校的数据文化建设。

此外，学校还应注重职业发展激励，将数据素养纳入教师的职业晋升标准。例如，学校可以将教师在数据应用中的表现作为评定职称、评优评先的参考标准。那些在教学中积极运用数据进行创新的教师，可以优先获得晋升机会或享受更好的职业发展待遇。这种职业激励能够有效激发教师学习和应用数据的动力，促使他们更加重视自身数据素养的提升。

除了物质奖励，学校还应通过精神激励提升教师在数据应用中的成就感。例如，学校可以定期邀请那些在数据应用中取得优异成绩的教师参加分享会，向全校教师介绍其数据应用经验。通过这种形式的分享，获奖教师不仅能获得认可，还能增强在校内的影响力，推动其他教师积极参与数据应用实践。

数据素养的评价与激励机制是推动教师数据应用和教学创新的有效手段。通过建立完善的数据素养评估体系，学校能够全面了解教师在数据获取、分析、应用等方面的能力，为后续培训和提升提供科学依据。而通过实施多元化的激励机制，学校可以鼓励教师在日常教学和管理中更加积极地应用数据，从而推动整个学校的教学质量提升和管理创新。

随着大数据技术在教育领域的深入应用，数据素养将成为教师职业发展中的重要能力之一。通过科学的评估与激励机制，学校不仅能够推动教师不断提升数据素养，还可以实现数据驱动的教学模式和教育管理的广泛应用，为教育变革和创新提供强有力的支持。

四、数据素养培养的外部支持与合作

在教育现代化的进程中，教师的数据素养不仅关乎个体的教学和管理水平，还对学校整体的教育质量提升起着关键作用。随着大数据技术的迅猛发展，单靠校内培训资源往往难以跟上技术进步的步伐。因此，寻求外部支持，尤其是通过与高校、企业的合作，以及参与在线教育平台的培训，成为提升教师数据素养的重要途径。外部合作与资源共享，不仅能够带来先进的技术工具和方法，还能为教师提供多样化的学习机会，帮助他们在日新月异的教育环境中不断提升数据素养。

（一）与高校、企业的合作

在数据素养的培养过程中，与具备大数据技术优势的高校和企业合作是推动教师技能提升的重要策略。高校和企业在大数据分析、工具开发以及技术应用上积累了丰富的经验，与这些机构的合作不仅能引入先进的技术资源，还能为教师提供一线的培训支持和学习机会。

首先，与高校的合作可以有效弥补学校在大数据技术方面的知识空白。许多高校在数据科学和大数据分析领域具备深厚的学术背景和科研实力，拥有前沿的研究成果和教学资源。通过与这些高校建立合作关系，学校可以邀请高校的数据科学专家为教师开设专题讲座或培训班，帮助他们掌握最新的数据分析技术和理论。例如，高校的教授可以为教师开设大数据入门课程，详细介绍数据采集、数据清洗、数据建模等基本知识，并结合教育领域的实际案例，指导教师如何在教学中应用这些数据分析方法。

此外，高校合作还可以为教师提供更多的学术研究与技术合作机会。教师可以通过参与高校的大数据研究项目，积累实践经验，提升自己的数据应用能力。例如，高职院校的教师可以与大学的数据科学研究团队合作，共同开发针对学生学习行为的数据分析模型，探讨如何通过大数据更好地评估学生的学习状态，从而改进教学方法。这种合作不仅能够帮助教师提升技术水平，还能推动教育数据的深度应用与研究。

其次，与企业的合作能够为教师提供更多的技术工具和应用平台支持。企业，特别是那些在大数据领域拥有技术优势的科技公司，通常具备丰富的数据应用实践经验，并拥有领先的大数据分析工具。通过与这些企业建立合作关系，学校可以引入最新的技术产品和工具，为教师提供技术支持。例如，教师可以通过与企业合作，学习使用先进的教育大数据平台，实时监控学生的学习数据，分析学习行为，并通过这些数据分析结果调整教学策略。

企业合作还可以为教师提供定制化的培训服务。例如，大数据企业可以为学校提供专门的工具使用培训，帮助教师快速掌握数据可视化工具、数据挖掘软件等实用的技术工具。此外，企业还可以通过行业案例分享，帮助教师理解如何将大数据技术与教学场景相结合，推动创新的教学模式。例如，某些企业已经在智能教学和自适应学习平台上积累了丰富的实践经验，教师可以通过企业提供的案例学习，借鉴其中的数据应用模式，设计适合自己班级的个性化教学方案。

（二）参与在线教育平台的培训与学习

随着互联网技术的发展，在线教育平台（如 MOOCs）已经成为教师提升数据素养的重要途径。这些平台不仅提供了丰富的学习资源，还能够根据教师的时间和学习进度进行灵活安排，方便教师自主学习数据分析和应用技能。

首先，MOOCs 平台（如 Coursera、edX、Udemy 等）为教师提供了大量免费的或低成本的数据科学和大数据分析课程。这些课程由全球知名的大学和机构开设，覆盖数据分析的各个领域，包括数据采集、清洗、可视化、统计分析、机器学习等。例如，Coursera 上由斯坦福大学、麻省理工学院开设的《数据科学导论》或《机器学习》课程，不仅为初学者提供了清晰的理论框架，还结合了实际操作指导，帮助教师在教学中更好地运用数据分析方法。

通过这些课程，教师可以根据自己的需求和学习进度，自主选择适合的内容进行学习。例如，对于没有数据分析基础的教师，可以选择入门级的课程，从基本的统计知识和 Excel、Tableau 等工具的使用入手；而已经具备一定数据分析能力的教师，则可以选择更高级的数据挖掘、机器学习等进阶课程，进一步提升数据处理和应用的能力。

其次，在线教育平台还提供了大量的实践任务和项目，帮助教师将学到的知识应用到实际情境中。例如，某些课程在教学结束后会布置实际数据分析项目，要求学员利用课程中学到的工具和技术对某个真实的数据集进行分析，并得出结论。这种“学以致用”的方式，有助于教师在理论学习的基础上，通过实践不断深化对数据分析方法的理解。

同时，教师还可以通过在线教育平台的社区交流功能，与全球各地的学员、专家互动交流。教师可以在学习过程中与其他教育从业者分享心得体会，讨论如何在教学中更好地应用数据分析技术。此外，这些平台的讨论区还可以为教师提供各种问题的解答和建议，帮助教师解决在数据分析过程中遇到的技术难题。

参与在线教育平台的学习，不仅能够帮助教师提升数据素养，还可以为他们的职业发展提供更多机会。例如，完成某些 MOOC 课程后，教师可以获得由知名大学或教育机构颁发的证书，这些证书可以作为教师专业发展和职业晋升的依据。此外，在线学习平台的灵活性和多样化课程，也为教师提供了持续学习和更新技能的可能，确保他们在快速变化的教育环境中保持竞争力。

提升教师的数据素养需要广泛的外部支持和合作。通过与高校和企业的合作，教师可以引入最新的大数据分析工具和方法，并通过实践和研究进一步提升自己的技术水平。同时，在线教育平台为教师提供了便捷的学习资源，帮助他们灵活自主地提升数据分析能力。

这种外部支持与合作不仅能够提升教师个体的数据素养，还能够推动学校整体的数据文化建设。随着大数据技术在教育中的应用不断深入，教师数据素养的提升将成为学校教育改革和创新的重要动力。通过不断的学习和外部合作，教师将能够更好地适应数据驱动的教学模式，为学生提供更加个性化和高效的教育服务。

参考文献

[1] 谭亮,万铮. 基于大数据的高职院校人事管理[M]. 成都:西南交通大学出版社,2018.

[2] 陈宗霞. 大数据背景下高职院校家庭经济困难学生资助体系构建[M]. 重庆:重庆大学出版社,2021.

[3] 李国成,向燕玲. 高职院校教师专业发展与教学创新团队建设研究[M]. 杭州:浙江工商大学出版社,2022.

[4] 程显毅,任越美. 大数据技术导论(第2版)[M]. 北京:机械工业出版社,2022.

[5] 王秀华. 基于大数据分析的高职院校学生思想政治教育研究[M]. 哈尔滨:哈尔滨工程大学出版社,2017.

[6] 辛立伟,唐中剑. SPARK 大数据处理技术[M]. 北京:机械工业出版社,2021.

[7] 张秦. 大数据与高职教育的融合发展研究[M]. 长春:吉林大学出版社,2022.

[8] 伏斐. 高职院校教师的绩效考核与管理研究[M]. 长春:吉林人民出版社,2024.

[9] 李文莲. 高职院校管理研究与实践[M]. 北京:北京理工大学出版社,2020.

[10] 朱忠义. 高职院校内部治理研究[M]. 北京:北京理工大学出版社,2021.

[11] 程宜康. 高职院校质量文化管理研究[M]. 南京:东南大学出版社,2021.

[12] 张利海. 新形势下高职院校教育管理创新研究[M]. 北京:中国商业出版社,2023.

[13] 庞利. 高职院校治理 体制结构和策略[M]. 广州:中山大学出版社,2022.

[14] 李盖虎,彭迎霞. 高职院校治理能力提升研究[M]. 西安:西北工业大学出版社,2022.

[15] 荣长海主编. 新时代高职院校评价体系研究[M]. 天津:天津社会科学院出版社,2021.

[16] 谢董汉. 互联网视域下高职院校后勤管理模式研究[M]. 北京:中国纺织出版社,2021.

[17] 王凯. 和谐校园建设下高职院校学生管理研究[M]. 长春:吉林出版集团股份有限公司,2021.

[18] 周文清. 高职院校实践教学管理与质量评价研究[M]. 长沙:湖南大学出版社,2021.

[19] 王文勇. 现代高职院校全面质量管理创新研究[M]. 北京:中国原子能出版社,2021.

[20] 杨虹,谢盈盈,雷世平,等. 高职院校治理现代化研究[M]. 苏州:苏州大学出版社,2022.

[21] 常涛,徐晖,李冉. 高职院校专创深度融合创新实践[M]. 北京:中国纺织出版社,2022.

[22] 中共义乌工商职业技术学院纪委. 新时代高职院校清廉校园建设的实践与思考[M]. 杭州:浙江工商大学出版社,2022.

[23] 邹红艳,宫立华. 企业办高职院校的管理及办学模式实践研究[M]. 北京:中国商务出版社,2020.

[24] 罗尧成. 高职院校现代教育治理体系建设的理论与实践[M]. 上海:上海科学技术文献出版社,2021.

[25] 邓志革. 融合创新,回归本质 高职院校课堂革命[M]. 北京:北京理工大学出版社,2021.

[26] 陈春梅. 高职院校混合所有制及其内部治理研究[M]. 厦门:厦门大学出版社,2021.

[27] 胡正明,何应林,方展画. 优质高职院校建设理论与实践研究[M]. 武汉:华中科技大学出版社,2019.

[28] 罗惜静. 高职院校产教融合发展与创新管理研究[M]. 北京:中国纺织出版社,2019.

[29] 倪虹. 新时期高职院校创新创业多维探索[M]. 天津:天津科学技术出版社,2020.

[30] 袁洪志,陈向平,等. 高职院校质量保证体系与诊改机制研究[M]. 南京:南京师范大学出版社,2020.

[31] 马莉. 高职院校执行力研究[M]. 成都:西南交通大学出版社,2017.